スーパー液使用
シャボン玉
Scotch
810-3-18 1
811-1-12D 2
810-1-12D 2
どっちもクリップ
PILOT
SUPER Glue
Stand
Pritt
Glue
ボンド
中形-H-2-1打入
万年筆インキ用 IR-700

たのし
OSTO
100円

京都文具小旅行

中村雪◎著

朱雀文化

三菱鉛筆
Coca-Cola
たばこ

ポインターペン
ケシゴム

100's BOX
RACING
EDITION

カード
ケース
Campus

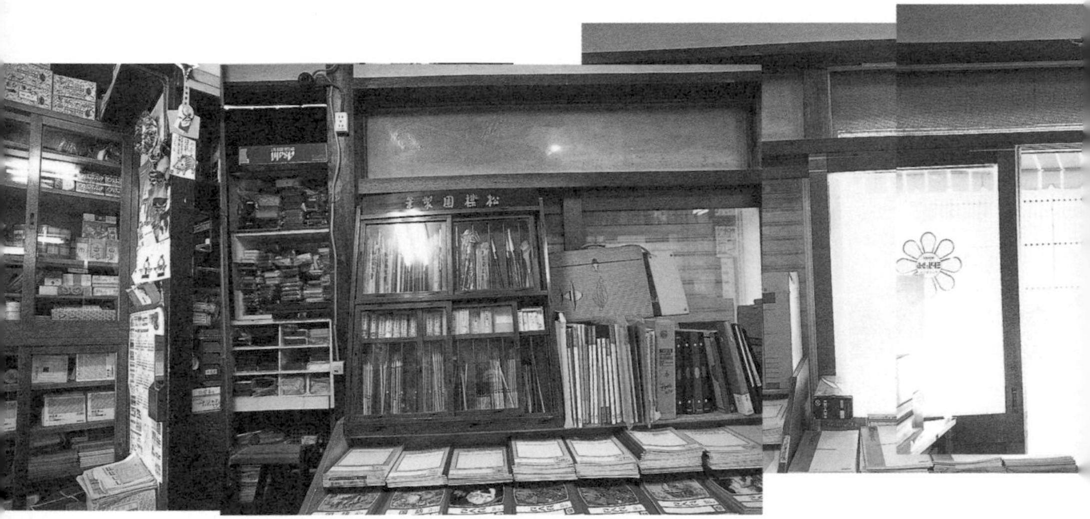

2007 CALENDAR
ポインターペン

№ 9800 三菱鉛筆

BALL

NIKKI

Chamois

序言

平凡的日常風景中，原本視為理所當然的事物，
突然因為某個原因而變得十分新鮮且重要；
原本沒什麼感覺的場所，
也突然因為某個機緣而變成不可或缺的地方。

不知道你是不是留意到了呢？
如果你就這麼漫不經心地走過，
一定會錯失這些悄悄藏在日常生活中的珍貴事物。

等到想起來的時候，
恐怕只能徒留感慨與遺憾了。

不管是哪個城鄉市鎮，從以前便一直存在著的文具店，
對我來說，就是這樣的地方。

一直在自己的生活當中，
深藏在某處沉眠的寶物，安靜地等待時機到來。
重要的事物就在自己身邊。

仔細傾聽，動手去找尋，
甚至悄悄地呼喚著，
希望他們再次從沉睡中醒來。

再次放回書桌上，碰觸、使用他們，
讓他們被自己所用，讓他們染上自己的氣息。

懷抱著時間記憶的文具，
慢慢地睜開了它們的雙眸，
回應我的呼喚。

目
錄

第二章　在古董市集發現的文具

第三章　打開文具的寶盒

第四章　工作室的文具

當我還是個孩子，就很喜歡收集紙類文具（便條紙或是貼紙），開始做插畫的工作後，有事沒事就會去逛文具店。銀座的「ITOYA」、日本橋的「丸善」、御茶水的「檸檬畫翠」、新宿的「世界堂」……，就算一整天都待在那兒也不會膩。一點一滴地購買文具和畫材，即使是短程旅行也會逛逛當地的文具店。如果還是覺得不夠，就乾脆飛到法國或是北歐去。趁著旅行四處走訪文具店或是市集，每天都因為想到能遇見新的文具而雀躍不已。

某一個夏日，偶然間我走進一家文具店，由此展開了探索自己居住城市的旅程。在京都的巷弄或是不起眼的角落裡找尋各式文具，也是為了了解京都的街道，和在此營生的人們的心路歷程，這同時也是我對京都街市深刻愛意的表達。

在文具店裡，可以用自己的眼睛仔細觀察，用自己的雙手確認質感。是柔潤、是粗糙，還是堅硬。可以嗅到老舊紙張和文具的氣味。可以聽到盒子或紙張摩擦的聲音，還有老闆溫暖的絮絮叨叨。

不知不覺中，我發現我是用全身五感在體會。

就這樣，我展開了探訪文具店的小小旅程。

文具之旅的第一站

清水一貫堂

（東山區／松原通和大和大路交叉口往東走）

京都的夏日異常悶熱，如果碰上無風的日子，光是站著就滿身大汗。嘰——嘰——嘰——只聽得見蟬鳴聲迴盪，腦袋不禁一片空白。這個時候，京都只能用「好熱好熱啊」來形容，要連說兩次才能夠表現出酷熱的程度，也是為了表現出已經難以忍受了的感覺。熱到極限的時候，還可以強調「啊」這個字，用各種有趣而怪異的方式來表達自己的感覺。因為如果不這樣分散自己的注意力，就無法忍受這麼熱的天氣。但是，在這麼炎

熱的季節裡，為什麼活動還這麼多呢？從七月的祇園祭開始，八月有陶藝祭，還有下鴨神社的二手書祭典等等。我每一個活動都很想去，所以就算天氣很熱，還是得揮汗出門。

這天也是一個很熱很熱的夏日。目的地是五条坂的陶藝祭。從五条大橋東側開始到東大路通，五条坂兩邊設滿了大約五百個攤位。以清水燒和京燒為首，全國的陶器都到這裡參展，除了量產的商品之外，也有陶藝家的作品，或是可以自己決定用途的萬用小器具。既然咬牙忍耐著酷熱的天氣來到這了，當然不想遺漏任何一個攤位，於是我便仔細地一家家參觀起來。

逛市集的時候，我還去了陶器神社（若宮八幡宮）參拜，看到坐鎮在神社裡，由顏色花樣各異的陶器碎片拼貼而成的神輿。美麗的顏色和碎片的形狀讓我看得入迷，瞬間，我甚至忘記了酷暑。途中，買了茶水攤的綠茶潤潤喉，比別人更會流汗的我，已經變成像從游泳池起來的樣子。化妝也好、防曬也罷，對我通通都沒有意義。一再擦汗的結果，就是脫妝成素顏的狀態，繼續向前走。就算遇到熟人，也只說得出「好熱啊」這句話。有時候，鑑賞著陶器的雙眼變得朦朧起來，分不清究竟哪個好哪個差，顯然體力到達極限，這就是該打道回府的時候了。

從五条坂走到大和大路，然後往松原通的方向前進。這裡和舉辦迎接神靈的熱鬧祭典「六道參拜」的六道珍皇寺距離很近。據說這裡是人界和冥界的邊境，六道（六種眾生的型態）的十字路口。中元節前後會有大批人潮到此迎接祖先靈魂進行參拜。沿路可以看到製作祭壇或神龕的神具店、線香店，還有醬油自營店等等建築，平常是一條滿溢著濃厚古樸氣息的安靜街道，老人家

一九五〇年代的相片。上面是 Pilot 舉辦的商店設計比賽中獲得優秀獎的店頭佈置。下面是當時的商店外觀，現在依舊保留了許多相似的地方。

也很多，可說是京都最多空屋的地方。只剩空殼的店鋪遺跡、老朽的町家建築（商業區中的木造商家和民家），明明都很有氣氛，可惜卻找不到屋主。在這兒閒晃，便會深刻感受到保存古物的不易。

但其中也有融入人們的日常生活、在此安穩紮根的商店繼續經營著。受到老店氛圍的吸引，偶然踏入的這家文具店。搞不好這裡有賣喔？友人不經意地在玻璃展示櫃中看到平假名的 Dymo 標籤打印機，這就是一切的開端。一走進店裡，眼前看到的是一整片令人懷念的文具，正靜靜地沉睡著。裝口琴的玻璃盒、不易墨汁（★1）和立川沾水筆的琺瑯製招牌、生鏽罐子裡的小夾子、舊式的 Pilot 墨水瓶、被太陽曬黃的紙、第一次看到包裝看起來像外國貨的幾樣商品。印章木盒、放在電話旁的便條紙架。看到眼前這麼多的寶貝，

第一代和第二代時期的木製印章

第二代老闆的寶貝鋼筆

不知道究竟發出多少次「哇！」的讚歎聲，和重複喊了幾聲「好懷念喔」，我和友人完全是一頭栽進去，開始挖起寶來。逛陶藝祭時變得朦朧的雙眼彷彿只是錯覺，兩個人都變得精神百倍。

「真的嗎？有好東西呀？隨便翻看沒關係喔。」老闆清水先生雖然有點驚訝，卻還是用親切的笑容看著我們。我們把手探進櫃子底下的深處摸索，打開盒子的時候一起發出尖叫：「居然還有這種東西！太神奇了！」因而開心得不得了。反覆幾次下來，回過神才發現雙手黑漆漆的，滿身大汗，連鼻頭都髒掉了。

「你的臉怎麼搞的啊？」看到對方的樣子，我們不約而同抱著肚子笑個不停。老闆替灰頭土臉的我們送上毛巾和涼茶，真讓人覺得感激且幸福呀！尋寶過後的茶特別好喝，而我們的戰利品簡直像是從批發場批貨回來那麼多。

第二代老闆的珍藏，令人嚮往的歐美文具。

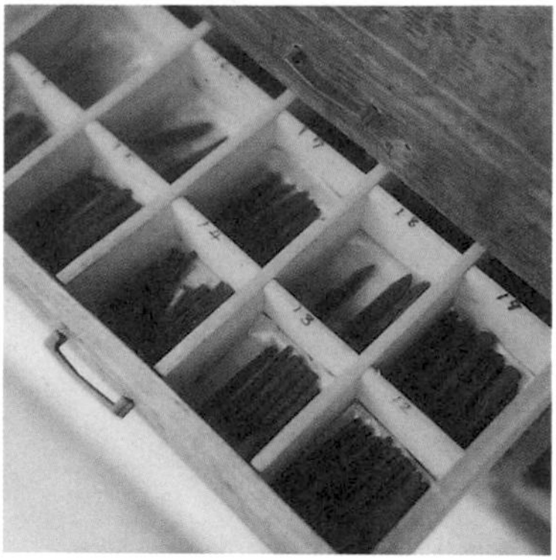

珍藏在抽屜裡的鋼筆筆芯

喜歡文具的我從這一天起，就對以前的老文具更感興趣了。深深地感覺到，如果不好好珍惜現在還存留的文具，就這樣讓他們隨時間消逝的話，是多麼可惜的一件事。而老闆的兒子，當時還是大學生的建伍，看到我們的樣子，也開始對自家文具產生興趣，每天晚上一個人進行探索和研究。

後來又去了清水一貫堂好幾次，也因此獲悉了文具發展的歷史。這家文具店是一棟光線幽微的狹長生意人住家，最裡面還留有爐灶（以前的廚房）的痕跡。

「我就是在這個房間出生成長的。文具店其實一開始都是從毛筆店或紙店發展起來。」清水一貫堂的第三代老闆，建伍的父親這麼說。

清水一貫堂從製筆專家的爺爺那代開始，大概已經有百年歷史了。承續第一代老闆的精神，

一九六〇年代
Pilot的創意商品

一九五〇年代
Pilot的文宣

一直都專攻文具販售這條路。第一代的清水松之助先生是製筆專家，原本在五条坂經營毛筆店，大戰時因為道路重劃的緣故，搬到了現在這個地方。往前追溯清水一貫堂的發展歷史，才發現居然和兩位名人有所關連。

大概是從現在往前推一百年。在店裡看到明治三十七年左右（一九〇四年）的木製印章，可見當時店裡經營著客製印章的生意。這些是經過了百年寒暑，到現在都還能使用的木製印章。打開印鑑樣本，可以看到以京都為據點推動民間藝術活動，並留下優秀作品的陶藝家河井寬次郎（★2）的名字，另外還有「東洋香菸大王」村井吉兵衛（★3）的公司用印。

之後，第二代老闆忠三先生繼承了這家店，戰後物資缺乏，除了毛筆和紙類之外，還同時販賣獵帽等物品。那是人們對舶來品充滿幻想與喜

目前還在使用的琺瑯製招牌

愛的時代，著迷於色彩豔麗的蠟筆、粉筆和精簡洗鍊的包裝，想像著大海對岸的風情與生活。

昭和三十到四十年代（一九五五～六五年）是鋼筆風行的時期。承襲了製筆專家的技術，鋼筆修護保養根本就是小事一樁。長年使用的小抽屜裡還留有鋼筆，這算是後來發展出的鋼筆原型，是和文具資料館相比也毫不遜色的重要物品。另外，還可以看到和設計雜誌一樣漂亮的Pilot宣傳品「Pilot Times」，以及東京奧林匹克的創意便條紙（記錄贏得的獎牌數目）。

清水一貫堂現在還把以前分配到的不易墨汁，以及立川沾水筆的琺瑯製招牌擺在店裡，保養得很好。真是一個惜物的家族，也可以說是念舊，捨不得丟掉前人流傳下來的東西吧！正因如此，我們才能追溯之前的歷史並受到吸引，進而產生更深一層的感動。

如果沒走進這家店，我就不會知道文具店其實是從紙店或毛筆店發展出來的。為了更了解文具，我深切地體認到一切的想法都應該回到最初、最基本的狀態。

這十幾年間，我們拚命追趕著新潮的事物，為了趕上潮流而喘不過氣來。現在，是該稍微停下來思考的時候了。再一次把鋼筆握在手中，將對重要的人的喜愛和思念，化作文字寄託在信紙上，就和剛開始用紙筆傳情的時候一樣。

清水一貫堂告訴我的，數也數不清的重要事情，在我心中烙印下文具所傳達出來的訊息，讓我踏上了探訪京都文具店的旅程。

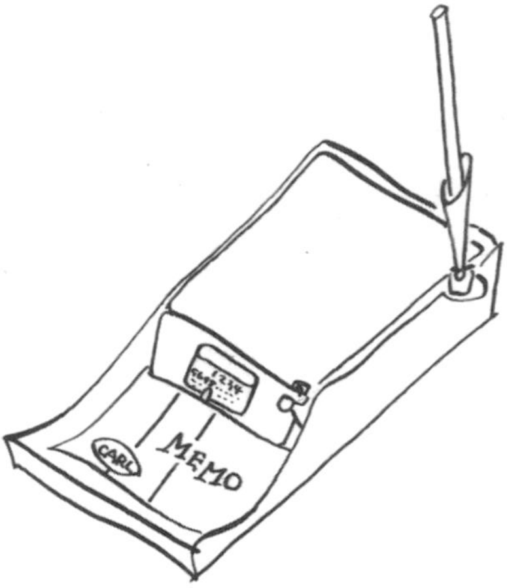

★1是以純熟的製墨技術製成的傳統墨汁，墨色濃厚且安定性夠，可利用在書法、版畫、水墨畫、魚拓和染色等處。

★2陶藝家河井寬次郎的工作室遺跡，以及各式美麗的作品，都可以在河井寬次郎紀念館（五条坂鐘鑄町）看到。河井大師過去所居住的地方，其實就在清水一貫堂以前經營的毛筆店附近。對河井大師來說，清水一貫堂應該算是平時常去的住家附近的文具店吧！

★3人稱「東洋香菸大王」的村井吉兵衛，是日本無濾嘴香菸的創始人。同時也以圓山公園內的私設迎賓招待所「長樂館」聞名。明治三十一年（一八九八年）從海外引進紅磚塊，在東山區大和大路馬町建造了香菸工廠。這棟建築目前改名為「東山IVY」（住宿設施）。除了製造香菸之外，吉兵衛還創立了「村井銀行」。

罐裝迴紋針

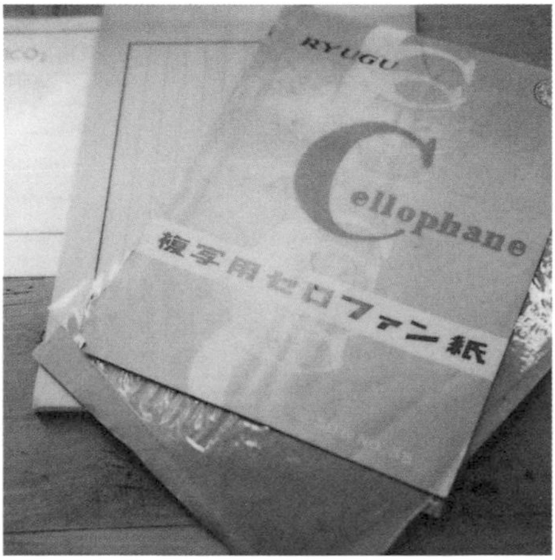

複寫用玻璃紙
純三椏直行紙

紙罐裝雞眼釦

筆記用複寫紙

出貨單用紙
收據
明信片複寫簿
電報複寫簿

口袋型磨芯器
打字機專用
軟橡皮擦
熊牌迴紋針

釘書機組合

強力膠 S-Dyne

Pentel Someil

罐裝迴紋針
大和製

罐子裡裝了滿滿的迴紋針，閃閃發亮、狀態維持良好。生鏽的罐子很有存在感，有點脱落的標籤也讓人更加喜愛。

紙罐裝雞眼釦
LIHIT製
（現為LIHIT LAB）

紙製的小圓罐似乎是算好了時間，悄悄地在儲物箱裡現身。這個小罐子擁有十分古典而成熟的風貌，內容物的eyelet punch（雞眼釦）彷彿時光暫停似地閃耀著金色的光芒。

複寫用玻璃紙
RYUGU紙製品製造本舖製

封面設計成字母「C」交疊的樣子，非常優美。這是使用複寫紙時，為了保護原稿而墊在上面的用品。玻璃紙和玻璃紙中間會夾著粗糙的綠色紙張隔開。我想要的並不是玻璃紙本身，而是夾在中間的綠色紙張。粗糙的紙質、褪落的顏色，充滿了新紙無法表現出的魅力。

◎廠商名稱的LIHIT在德語中是「光、希望」的意思。LAB則是laboratory的簡稱，「實驗室」的意思。創始人田中先生出生於京都市中京區，在昭和二十三年（一九四八年）創立這間公司。

純三椏直行紙
黑田國光堂製
（現為KOKUYO）

和紙材質的信紙，一頁十三行，深藍色的邊框。右邊留白較多，應該是為了裝訂。背面印了「國譽紙製品製造本舖 株式會社黑田國光堂謹製」的字樣。紙質和現在品質優良的信紙不同，比較柔軟有彈性。常常有人偶師特地買來當做打底用紙，和古董市場等地找到拿來當信紙寫過的古老和紙等一起混用。老舊的紙張就這樣獲得新生，讓人感到熱血沸騰。

◎稍微研究了一下當年公司名稱還是「國譽」時候的歷史，在明治三十八年（一九〇五年）最初名為黑田表紙店，在大正三年（一九一四年）改名黑田國光堂，三年後商標訂為國譽，昭和三十六年（一九六一年）改稱KOKUYO（國譽的日語發音），就此公司名稱與商標統一。創始人黑田善太郎是為了「報答故鄉的恩情，成為故鄉的榮譽」而創業。「國」這個字指的就是他的故鄉富山。沒想到KOKUYO的發展歷史會是這樣。

以下是KOKUYO的各式事務用紙。照片中從右至左看，封面為玫瑰花邊等古典的圖案系列。

出貨單用紙
可做為請款單、出貨單等多用途用紙。電腦化之後，這類商品在文具店裡就變成銷不出去的存貨了。

收據
收據和數量等是以舊字體印刷，紙質不太平滑，大概只有古董店之類能勉強一用。

明信片複寫簿
和標準明信片同樣尺寸，在印有直行線的薄紙和卡紙中間墊上複寫紙來書寫。卡紙上方也可以複寫收件人姓名，之後要再一起寫上地址時就很方便。另外，也印有整理保存用的打洞標記。因為可以留下備份，要查詢和客戶之間的文書往來相當方便。

電報複寫簿
在電報通訊還是主流時的商品，要墊上複寫紙來書寫。發報人、本文、局內備註、收報人、收報局、字數、種類等等，項目區分得很細。是讓人回想起時代流逝的一項商品。

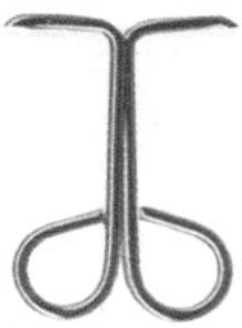

筆記用複寫紙

另外，似乎還有日文用和英文用的複寫紙。發售當時的廣告文書還寫著：「留下美麗的拷貝，絕佳持久力的複寫紙。」當時複寫是習慣講成拷貝啊……。封面描繪著紅、藍、黑三色明顯清晰的線條，這項商品讓人想起那個強烈意識到舶來品洗鍊設計的時代。

釘書機組合

Max製

像鑰匙圈一樣配有掛鏈的小型釘書機和釘書針組合，同時附有裁紙刀和拔針器。包裝是鮮豔的橘色，看起來很像是在美國超市裡販賣的商品。包裝上完全沒有任何日文說明。

口袋型磨芯器

DUX製

這個是專門用來削磨製圖・工程筆的筆芯的磨芯器，和普通鉛筆一樣，筆芯變鈍了以後還是需要磨尖。製圖・工程筆的筆芯直徑至少有兩公釐（2mm）粗，十分適合用來素描。DUX是一家製造削筆器的德國公司。紙盒裡裝的是約三公分長的小型削筆器，配色有紅黑、黃黑、藍紅和綠紅。

打字機專用軟橡皮擦

福井商事製

（現為LION事務器）

修正打字機錯字的軟橡皮擦，只找到外盒。獅子圖樣的商標現在仍繼續使用。黃藍雙色的紙盒上找不到任何日文說明，給人舶來品的感覺。順帶一提，日本大約是從大正時代（一九一二年）開始使用打字機。

◎江戶時代中期（一七一六～一八二九年），第一代老闆福井小八郎是大阪唯一的筆墨商。到了明治時代，開始引進歐美的文具和沾水筆尖等商品。大正十年（一九二一年）設立福井商店，昭和二十年（一九四五年）改名福井商事。事務用品販賣種類眾多，包含了鉛筆、沾水筆尖、鋼筆、製圖器、號碼打印器、打洞器、檔案夾等。昭和六年（一九三一年）發明了多孔檔案夾。昭和五十五年（一九八〇年）改名LION事務器。創立至今二百多年的LION，和文具的發展歷史一起持續進化向前行。

熊牌迴紋針

山口製作所製

位於大阪的山口製作所，昭和十二年（一九三七年）從德國引進迴紋針製造機，開始生產迴紋針。斑駁的外盒看起來大概是昭和三十三到四十五年（一九五八～七〇年）的東西。裡面的迴紋針完全沒有生鏽，狀態十分完美。現在賣的熊牌還是使用紅、藍、黑的外盒。

Pentel Someil

大日本文具製

（現為Pentel）

只要有熨斗，就可以自己在各式各樣的布料上印染圖樣，也可以和蠟筆一樣，拿來在圖畫紙上畫畫，這就是世界上首次出現的固態印染畫材。我記得當時會用白色的棉布縫製書包，用這個印染蠟筆寫上名字，或是用在暑假作業的圖畫日記等等，用途非常廣泛。

◎Pentel是結合painting（繪畫）的pen和pastel（粉彩）的tel所創造出來的名字，以他們熱銷的簽名筆舉世聞名。昭和四十六年（一九七一年）將公司名稱從大日本文具改為Pentel。

強力膠 S-Dyne

積水製

包裝寫著「一旦黏上就拔不開，最適合模型使用！」上面畫著可愛小男生圖案的紙盒裡，裝了滿滿約三公分長的小支強力膠。這是模型製作流行的時代不可欠缺的物品。

第一章

拜訪京都的文具店

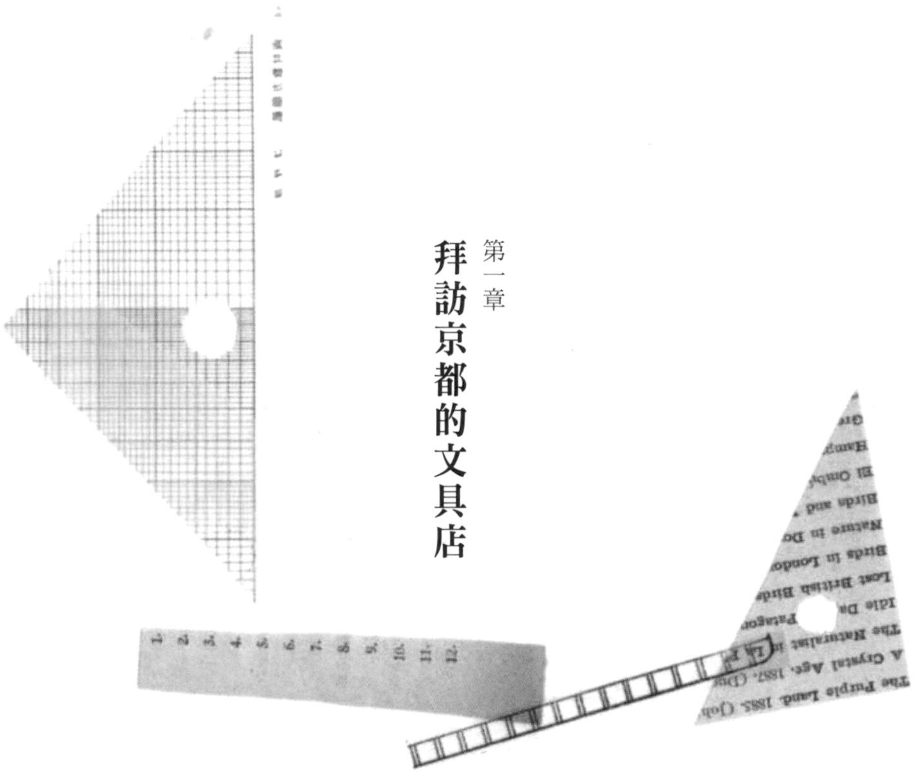

走在京都的街上，文具店隨處可見。
學校旁邊或是商店街裡，
理所當然地和周圍環境融為一體，
不起眼，但恆久存在著。
不知從何時開始，
因為不知名的原因，我們漸行漸遠，
在親自探訪參觀一家家文具店的旅程中，
泛黃的回憶和已然遺忘的心情
又再次在我的胸口翻騰……

小學旁的文具店

與回憶中的文具相遇的地方

西村文化堂（左京區／北白川小學校前）

矗立著一棵棵高大的櫸木、綠蔭覆蓋的白川通。從北白川別當町的十字路口可以看到筆直聳立的老舊煙囪。從理髮店旁邊的小巷子走進去，便會通到一家公共浴池，昭和二年（一九二七年）落成的澡堂「白川溫泉」，是一棟洋溢著大正時代浪漫氣息的兩層樓洋房建築，搭配上圓弧狀的浮雕和細緻的多層次木製窗框。不管是什麼時候跑來，看到的都是不變的寧靜。

這是我在目前居住的房子正在裝潢時，不知來過多少次的公共浴池。咔啦咔啦地拉開大門後，看到的是木製鞋櫃，裡面還設置了嬰兒床、木製儲物櫃、大型籐籃、低矮的圓形磁磚浴池……。經過長久的歲月，用品設施都老舊了，可能也因為這樣，總是沒什麼人，每次來幾乎都像是包場一樣。在這個澡堂裡待久了，還會有種住在鄉下旅館的錯覺。

在白川通上往南走沒多久，可以看到種著一棵橘子樹的日式房子，那是一家不動產公司。旁邊則是一家名叫「懸崖書房」的書店，整面外牆用石子拼貼成一部彷彿要衝出牆面的車子，店裡賣的是次文化的書籍、雜誌等有趣商品。因為造型大學和京都大學都在附近，所以有很多學生光顧。住宅區中混雜著一些老字號的店家和藝術設計類的店舖，形成現在左京區的風貌。從那裡往東走，便是安靜的住宅區。最近散步成了我不可

或缺的日課，這附近我可說是熟門熟路，恐怕沒有一條巷子是我沒走過的。

這家文具店也是在我散步時發現的。其實以前就注意到了，但是因為很近，總覺得隨便都有機會進去逛逛，結果反而一直沒真的開門進去過。稍微走上斜坡，便可以看到用了很久的一澤帆布三色遮雨棚。說到一澤帆布，算是以製作手提包聞名，不過在京都的老店，常常可以看到他們製作的遮雨棚。

門口的鐵捲門拉下了一半，不過可以聽到像是女客人在說話的聲音，應該是有營業的樣子，於是我毫不猶豫地走了進去。

「你好，可以進來看看嗎？」

「好啊，歡迎光臨，請進。」

原來店裡那位女性並非客人，而是老闆娘住在附近的女兒，每天到了傍晚便會送晚餐過來。我們聊起現在小孩變少了，感覺有些寂寞時，老闆娘彷彿覺得可惜似地喃喃說：「以前啊，學校的大門就正對著我們家店門口呀，可是現在改掉了。」

「我已經九十歲了呢。」老闆娘笑著對一臉驚訝的我這麼說。看起來很有精神，而且講話也都很清楚。

負責經營這家店的是西村婆婆，本身就是對面小學的畢業生，從出生以來便從未離開過北白川。老婆婆小學的時候曾在這附近的田裡種花，採收後拿到街上去賣。二十一歲的時候嫁進來，經營了將近七十年的文具店。

自從最愛的老公過世之後，店裡已經十年沒再進貨了，不過因為老爺爺很喜歡進貨的關係，現在店裡還是有許多文具，分類得整整齊齊，停留在當年的樣子。因為最新的商品也是十年前的東西了，所以一定找得到令人懷念的文具。角落堆著清潔劑和洗衣精，陳舊的小抽屜裡整齊排放著裁縫用具。店裡以前似乎也販賣日常用品和餅乾糖果，小孩子放學回家經過這裡，就會在店裡逛逛或是玩鬧。

去買糖果餅乾是多麼快樂的一件事！

把書包丟在家門口，然後說聲：「我回來了！好了，我要出去囉！」跟朋友一起跑到糖果餅乾店。那是手心裡握著一枚五十日圓硬幣，就很心滿意足的時代。抽籤抽到的糖果或是彈珠汽水、Yotchan 娃娃的咖哩仙貝……各式各樣的糖果餅乾陳列在那兒，就算是現在看到了，還是覺得興奮。文具、糖果餅乾、日常用品，光用想的

就很開心。這裡是不是以前擺了糖果餅乾、讓小孩子歡欣鼓舞的地方呢？這個架子是放日常用品的嗎？到處都留下了過去的痕跡。

走進店裡，左邊是香菸舖的小窗口。收銀櫃台的玻璃展示櫃裡，整齊地排列著粉紅色和黃色緞帶，是那種中間繡有金線的傳統緞帶。右邊則是經典的Japonica作業本，還有我從來沒看過的筆記本。裡面擺放紙類的木製抽屜，裝的是圖畫紙和各種顏色的玻璃紙。我懷抱著興奮的心情輕輕地一個個把抽屜打開。收銀櫃台裡面的長抽屜上面標示著「包裝紙」的字樣。說不定……我向老婆婆要求道：「可以讓我看看包裝紙嗎？」老婆婆拉開抽屜，裡面出現了色彩鮮豔的包裝紙。有紅色的菱形和灰色的圓形拼湊成和服布料樣式花紋的包裝紙，下一層則是很可愛的東歐風金紅雙色花紋包裝紙，另外，還有看起來像一九六〇年代的上衣花紋那樣的粉紅與灰色直條紋包裝紙。

「好漂亮的包裝紙喔！好棒！老婆婆，真的好棒喔！」看到我這麼興奮的樣子，老婆婆笑著直說：「喔，這樣啊，這樣啊！」另外，還看到吸墨器、捲紙蠟筆等我現在工作也會用到的文具。「你有在用這些東西喔？」老婆婆露出不可思議的表情。

和老婆婆聊到話匣子關不起來，越講越有精神。隨便一看，就找到了小學時用過的蠟筆和色鉛筆，全都是昭和四十年代（一九六五～七五年）的小學生必備文具。沉醉於懷舊的氣氛、東看西找的過程中，彷彿回到了揹著紅色小學生書包的年代，好像是小時候的自己在跟老婆婆對話似地，真是不可思議。隨著記憶的絲線，許多回憶就這樣一點一滴甦醒過來。例如忘了帶東西而被罰站，期待著營養午餐的果凍，在操場跟男生打架造成大混亂；教師辦公室的氛圍、草紙的觸感、油墨印刷的氣味；小學時最喜歡寫字很漂亮、溫柔優雅的導師三宅老師。我甚至還記得那個老師每次都會把吐司邊乾乾淨淨地剝下來不吃的往事。

看來即使是芝麻綠豆大的小事，我都記得很清楚。酸酸甜甜的回憶在我心中發酵起來。東買西買的結果，幻想中的書包就這樣整個爆滿出來。

「下次再來挖寶喔！」老婆婆帶著笑容目送我離開。我以前唸的小學旁的文具店雖然已經不在了，但這裡卻和它那麼相似，不論經過多少歲月，它們一定都會深深留在我的記憶中。永遠、永遠。

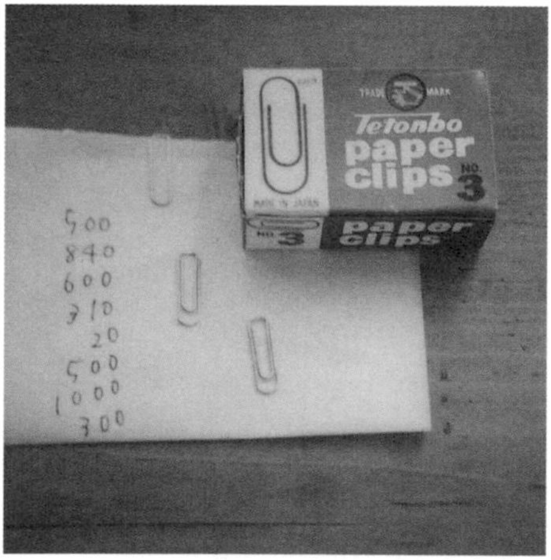

Tetonbo 迴紋針

彩色螢光迴紋針

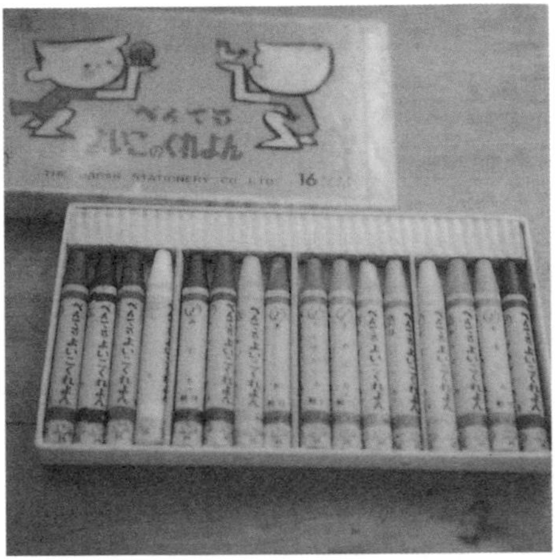

Pentel
好孩子蠟筆

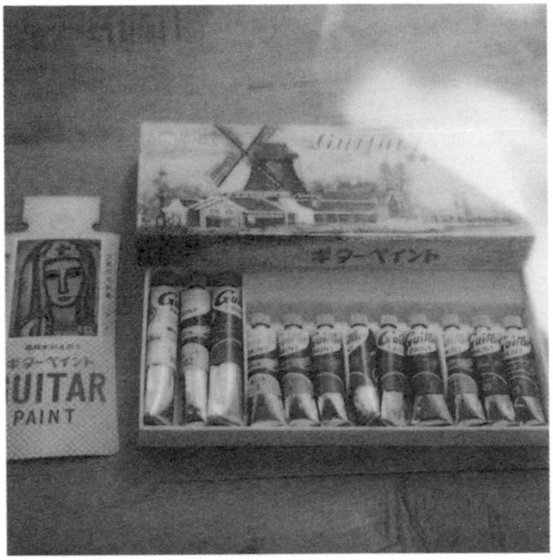

Guitar Paint
高級水彩

櫻花粉蠟筆

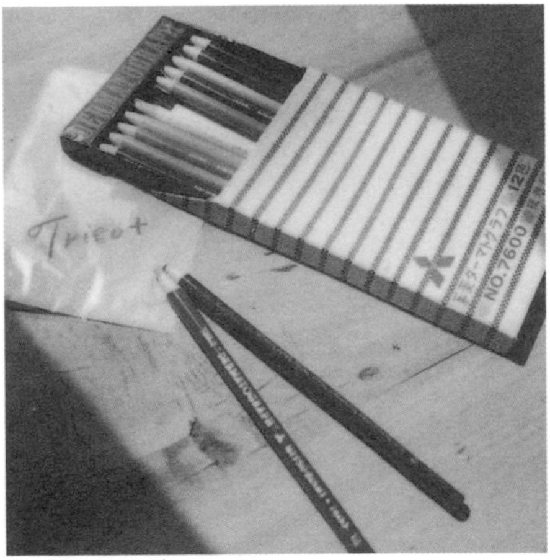

十二色捲紙蠟筆

製圖用鉛筆

綁綠線的商品
標籤

Junior Set

墨水・鉛筆
兩用橡皮擦

五線譜
報告用紙
打字機用紙

復古花樣的包裝紙

紅燕子圓罐

木製吸墨器

閃爍著五角星芒的圖釘

Tetonbo 迴紋針
Mitsuya 製

Mitsuya 是位於東大阪市製造圖釘和迴紋針的廠商。我看到外盒上有著「Tetonbo（手蜻蜓）」的商標，於是拿了出來。商標圖案是兩隻手合起來搓動竹蜻蜓的樣子，「Tetonbo（手蜻蜓）」的名稱似乎就是從這來的。打開盒子，不知是不是特意設計，只有右邊的摺蓋有著紅白藍三色的設計，看起來很可愛。迴紋針本身倒是很傳統的設計。

彩色螢光迴紋針
Mitsuya 製

帶著螢光、很特別的彩色迴紋針，像茄子般上面比較細，下面比較粗。我記得在國中時期常常使用，螢光筆好像也是這個時候出來的商品。當時的文具和玩具很流行螢光和發光的顏色。

Guitar Paint 高級水彩
寺西化學工業製

盒內附有世界名畫的書籤，這盒附的是盧奧（Georges Rouault）的「聖韋洛尼加」，背面是鈴鐺商標和愛用者集點的空間。外盒畫有風車的鄉村風景畫十分新鮮有趣。裡面的顏料除了白色、檸檬黃和青綠色是大支，其他都是小支。為什麼這三種顏色會比較常使用呢？大概因為常常會用來畫綠色的山、原野和植物吧！現在販售的商品是改用半透明的塑膠管來裝顏料。

◎外盒的內側印有這盒水彩的特點。①製作時非常重視正確的色調和濃度，因此可以畫出美麗的圖畫。②可以隨心所欲進行混色或疊色。③不用擔心畫紙的底色或是已經塗上的顏色，畫出來的顏色發色完全，不受任何影響。」

Pentel 好孩子蠟筆
大日本文具製
（現為 Pentel）

一看到鮮黃色的外盒，就忍不住興奮起來。雖然盒子已經被太陽曬黃，也多出很多皺痕，甚至還被亂畫，但是裡面的蠟筆卻保持得非常完整。包在蠟筆外的紙上面印了許多可愛的 Pentel 娃娃（？）圖案。幼稚園的時候，我常趴在木地板上，一面撕開包住蠟筆的紙，一面沉浸在繪畫的世界中。

十二色捲紙蠟筆
三菱鉛筆製

通稱捲紙筆。紅色捲紙筆，對我來說是不可欠缺的工作物品。這種筆是可以塗畫在塑膠、玻璃、金屬等光滑面上的好東西。一直以來只看過單支販售，所以當我發現居然有十二色紙盒裝一整組的蠟筆，真是高興得不得了。盒子內側印著「即使只是用來做記號、畫一些常見的圖案，但發色和普通的色鉛筆不同，顏色更為鮮豔。」我也是看到這盒蠟筆之後，才第一次嘗試用捲紙蠟筆來作畫，活用這十二色的蠟筆繪圖，真是令人感到愉快。使用捲紙蠟筆最開心的當然就是撕下紙捲的那一刻了。把線拉到下一個印記的地方，然後用指甲剝開紙頭，撕下最外面一層的紙捲，裡面其他的紙捲就可以隨之拉下。這種一圈一圈撕開的感覺和削鉛筆又不太一樣，越用越短反而越有成就感。當時的捲紙蠟筆上面印著「FOR SKIN, GLASS, METAL, VINYL, CELLULOID, CELLOPHANE, ETC.」現在販賣的蠟筆上面印的文字稍微大了一點，內容也不一樣，顏色的名稱也改用日文，變成「FOR GLASS, METAL, PLASTICS 紅 15」。

櫻花粉蠟筆
櫻商會製
（現為櫻花粉蠟筆）

外盒上印有童話《格列佛遊記》中的一個場景。透視感強烈，現在看起來依然覺得格列佛要從圖畫中跑出來般。說明中寫著「可以取下蓋子的立體圖樣掛在牆上或放在桌子上裝飾。」從盒蓋上拿下來還可以當成功課表，對小學生來說十分實用，大家都會很開心地貼在牆上。

製圖用鉛筆
三菱鉛筆製

褪色的藍色搭配上黃色和小花圖案的紙盒，營造出懷舊的氣氛。鉛筆側面印著「STRONG NEEDLE POINT（硬質）」，但沒有說明顏色名稱。紙盒內側印有詳細的製造說明書和廣告文句，頗有時代感，閱讀起來也很有趣。那是個不斷嘗試錯誤、不斷改進研究出更加優質產品的年代。

◎紙盒內側的說明：「這是均質的超微粒子顏料與合成樹脂結合製成的色鉛筆，和過去易碎的蠟質色鉛筆不同，筆芯堅硬緻密，有以下特點：堅硬而滑順的筆芯，能輕易畫出清楚且粗細相同的線條。具有強耐光性的顏料，不會造成因陽光而褪色、變色的現象。非水溶性，不會造成線條暈染模糊的現象。可用於製圖標記、藍圖修改、設計圖標記、社會科教學等，用途廣泛。」

Junior Set
Clover製

組合包內容有直角三角板、正三角板、量角器、十五公分定規尺。另外，還附有四邊形、梯形、三角形的面積公式說明卡，以及填寫年級、班別、姓名的欄位。只有量角器和直角三角板上有紅色的幸運草商標，我究竟幾年沒用過量角器了呢？此外，Clover因生產棒針、鉤針等編織工具而聞名。

綁上綠線的商品標籤

從小抽屜裡找到的商品標籤，和名牌等商品放在一起。搞不清楚它的材質是什麼，橢圓的部分似乎不是一般紙張，也不是塑膠。捏著綁線的地方搧一搧，會發出像輕薄的貝殼互相碰撞、感覺涼爽的咔啦聲響。比紙張要來得有存在感，很適合拿來蓋上印章後綁在禮物包裝上。

五線譜
日章製（現為Apica）

中間是小提琴的圖案，設計成琴弦往四方擴散的樣式。斜印的字體在當時是創新的設計。雖說是五線譜，但不限於標記音符，也可以拿來寫字，以及蓋上英文字母或數字的印章。當然也可用作信紙或咖啡廳的菜單。

◎日章是現在Apica公司的前身，是生產作業本、筆記本、事務用品等文具紙製品的廠商。創立於大正五年（一九一六年），當時名為日本筆記本製造株式會社。那時一般人多半稱筆記本為記事簿。早在那個年代就先開始使用筆記本這個名字，可說是相當講究。昭和四十三年（一九六八年）改名為日章株式會社，五年後再將商標名稱改為Apica。由此可知，這本五線譜應該是昭和四十三到四十八年間生產的商品。

報告用紙
KOKUYO製

收藏在陰涼處的鮮橘色報告用紙。和美式文具相似的商標設計和字體編排很吸睛。封面還印了小小的一排字「THE PATH OF A MILLIONS PENS」。

打字機用紙
KOKUYO製

淺粉色底、上面印有咖啡色橫條的簡單封面，內容物則是輕薄透明、類似洋蔥紙的材質，讓人不禁想起打字機流行的昭和五十年代（約一九八二年起）。和古老的紙張一樣，邊緣被曬得發黃，更添一層味道。鋼筆書寫的觸感和吸墨的能力都很好，可以當作信紙使用。

墨水・鉛筆兩用橡皮擦

SEED製

一九七〇年代的商品，盒子裡裝了滿滿四十個橡皮擦。深灰色部分是墨水用，白色部分是鉛筆用。摸起來有顆粒狀的觸感。裝在中間印了編號、亮橘和咖啡雙色的外盒裡面。

◎SEED是專門製造橡皮擦的廠商。大正四年（一九一五年）在大阪創立，當時名為三木康作橡皮擦製造所。昭和三十年代（一九五五年起）發售了世界第一個「塑膠橡皮擦」。昭和四十三年（一九六八年）開始以長販型商品「藍色包裝的橡皮擦Radar」聞名於世。兩年後受到《生活手帖》雜誌肯定其產品的優秀性。官方網站上也設有橡皮擦博物館專區，讓人沉浸於研究橡皮擦歷史的樂趣之中。

紅燕子圓罐

老婆婆小型五斗櫃的抽屜裡還留有一些裁縫用具。珠針、縫針等小東西整齊地收藏在櫃子裡。這個紅燕子圓罐是在最下面的抽屜找到的。雖然是老婆婆的私人物品，但還是拜託她賣給我。輕輕地置於掌心，彷彿可以感受到老婆婆的親切與溫暖。

復古花樣的包裝紙

老婆婆每天坐著的椅子背後有一座收納紙品的木製抽屜櫃。抽屜裡的包裝紙實在是美得讓人目眩神迷。有東歐風格的可愛花紋、和服織紋形式的鮮紅和灰色圖案。淺粉紅和灰色相間的條紋，看起來很像一九七〇年代的媽媽們常穿的襯衫。不管是哪種花色，都是令人懷念的摩登樣式。

木製吸墨器

用鋼筆或沾水筆寫字畫圖時，每個人都曾有被墨水弄髒指頭或手掌的經驗吧？「完蛋了！」腦袋閃過這個念頭時已經來不及了。只好重新開始畫，不然就是使用修正筆，搞得綁手綁腳。這時吸墨器（blotter）就成為你的好朋友。不只是筆類，就連印章等印泥或墨水乾得沒那麼快時，只要使用吸墨器輕輕一壓，很快就乾了，手也不會弄髒。可以快速吸乾鋼筆、水性筆、印泥等墨水，非常實用。在使用沾水筆沾取墨水書寫的時代，吸墨紙是不可欠缺的好幫手。將木製的把手旋開，就可以更換裡面的吸墨紙（blotting paper）。雖然市面上仍流通著塑膠製的吸墨器，不過我衷心期望這種具有溫柔手感的木製吸墨器別消失。現在KOKUYO也還有販售長方形的吸墨紙，拿來搭配這個吸墨器就很好用。同樣是吸墨紙，一九五〇～六〇年間在法國免費分送的企業廣告吸墨紙（參照一八四頁），現在已經成為收藏家的蒐集品了。而日本企業也曾製造過廣告用的吸墨紙，有過那麼一段免費分送這種吸墨紙的時代（參照一五五頁）。

閃爍著五角星光芒的圖釘

Mitsuya製

直徑約四公分的小紙盒。我只要看到紙盒，整顆心就會毫不猶豫地飛撲過去。柔和的白色紙盒上貼著紅色標籤，看起來很像牛奶瓶的蓋子。圖釘的表面有著五角星的浮印，閃爍著極有個性的光芒。

小學旁的文具店

即使流逝依然不變的時光

野口商店（左京區／錦林小學校前）

說來丟臉，其實我平常不太使用手機。剛開始用的時候，即使收到簡訊，也不曉得該怎麼看。這段時間大概持續了半年之久，年紀比我小的友人聽到了還大笑說：「怎麼可能！」機械白痴的我，那麼厚的說明書更是完全看不懂。不只是手機，連家裡的傳真機也一樣，因為功能實在太多、太複雜，即使知道可以影印卻一次也沒用過。我覺得只要具備最基本的功能就可以了。不只是家電用品，很多東西推陳出新的速度實在太快，讓人有點吃不消。雖然我不是那種容易被流行風潮左右的人，但多少還是會有點在意。不過有時候又會覺得，購買最新、最酷的設計家電或手機這件事，好像還是不太適合我。

因為很難找到實用又不花俏的物品，在沒有什麼選擇的餘地之下，最後常常只好喃喃唸著：「這個喔，嗯……」就把東西買下來。

那到底什麼樣的東西才算是實用不花俏呢？就在我每天都思考著這個問題的同時，遇到了一家文具店。

從京大醫院所在的東大路通往東走，可以聞到「聖護院生八橋」飄來的肉桂香，嗅著香氣繼續往前走，便來到了大本山聖護院前面。

不一會兒，噹噹噹噹……傳來小學放學的鐘聲。這附近的住宅區，隨便彎進一條巷子就會發現自己陷入了縱橫交錯的迷宮，我覺得這樣非常新鮮有趣，所以常常會在散步時故意讓自己迷路。很多時候會走到僅供兩人通行的狹窄私人小路，或是貓狗行走的通道，甚至會在不處於方正道路上的畸零地遇到死巷子，也曾經不知不覺走到別人家的院子裡。

這時候，在綠蔭深處，我看到了一位老婆婆在溫暖的陽光下，專心地閱讀著市民報紙，不知道是不是在尋找什麼折扣活動的消息。因為老婆婆看起來很享受的樣子，我不好意思打斷她，就在玻璃門外站了一會兒。

咔啦咔啦咔啦……開門的聲音似乎讓老婆婆嚇了一跳，但是她馬上微笑著招呼起我來。

「今天真是個舒服的好天氣啊！」

老婆婆和我有一搭沒一搭地聊著天，不時把椅子慢慢挪動到曬得到太陽的地方。

微暗的店裡彷彿時間靜止了一般。這家店從什麼時候就開始了呢？看起來至少是昭和三十年代（一九五五～六五年），說不定還要更早以前吧？只有擺放香菸的鐵架很突兀地亮麗簇新。不過，裡面的小抽屜就有點老舊，似乎是從以前一直用到現在。然後，我突然瞥見旁邊的電話，不禁脫口而出：「啊！這是黑電話！」

以前每個人家裡都是用這種電話，必須用手指撥轉盤上的號碼才能打出去。想要快點打完號碼時，會等不及轉盤歸位，急著用手指把號碼撥回來。還會偷偷把電話線拉到二樓去煲好幾個鐘頭的電話粥，然後被父母嚴厲斥責。每天究竟都在聊些什麼呢？朋友的事、戀愛的事、煩惱的事，講到拿著話筒的手都麻掉了，每天就是抱著電話不放。聽到說話的聲音，就可以想像對方的樣子。這是一個單純為了聽話和說話的用具，沒有來電鈴聲，也沒有免持聽筒。聽到了鈴鈴鈴突然響起的聲音，全家都搶著跑過去接。

「好棒喔，好想要喔！」我一時間無法從黑電話前面走開。柱子上掛著青綠色邊框的老時鐘，經過長時間使用變黑變舊的厚實抽屜，還有外表磨損了的編織提籃。時間在這裡緩慢地堆積，空氣中飄盪著安穩的氣息。

「我這樣就好了……我還在這裡的時候，保持這樣就好了。一直更換新的用品實在太累了。」

溫和的低語讓我驚覺過來，其實我現在也抱持著同樣的心情啊。新的物品一直用不習慣，老實說已經有點疲憊了。說我太過任性也沒關係，但就是不想換成新的啊。看著老婆婆白皙透明的肌膚，我開口說道：「妳的皮膚好好喔！」「不能用熱水喔，要用很涼的冷水洗臉喔！」於是開始聊起每天的保養方法。老婆婆美麗的白髮整齊地梳成包頭，看來應該也有細心護髮吧。

「太貴的化妝品沒辦法一直買來用，所以

還是花時間好好保養吧，雖然有點麻煩，但每天一定都要保養喔！」

我又再次清醒過來。

從幾年前開始，每到了季節變換的時候或是花粉季節，我的臉和嘴唇就會腫起來，保養品換東換西、購買昂貴的產品，和皮膚過敏的狀況艱苦奮鬥著。原來，不知不覺中我還是受很多事情影響了啊。這麼一想，就越看越覺得老婆婆的肌膚沒有半點瑕疵，散發著讓人想伸手觸摸的明亮神采。

「我也好想擁有像婆婆這樣的皮膚喔！」

老婆婆輕輕微笑起來的臉龐，真的好天真可愛。

「你好！」熟識的蔬菜店送蔬果來了。附近有位獨居男子，老婆婆因為擔心他的健康，常常讓媳婦送菜過去。

「一個人住比較不會買菜來吃，所以分一點給他。」

「我出門了。」和媳婦之間的互動也很有趣。光顧著別人，卻對自己不怎麼在意的樣子。

因為聊天聊得太過愉快，完全忘記該看文具了。我在玻璃展示櫃裡發現了懷舊圖案的自動鉛筆和Pilot的墨水，就買了這兩樣回家去。

「再見了，真是謝謝妳。」回頭看看店裡，老婆婆又開始把椅子挪動到曬得到太陽的地方。

幾個月後，我第二次來到這家文具店。老婆婆穿著一件看起來很涼快的洋裝。她看到我的時候，馬上就說：「啊，妳是住在北白川的……」似乎還記得我。「這是用夏季和服自己改的洋裝喔，我還做了口袋。和服放著也太可惜了對吧？」

雙手插在口袋裡，像個天真的小女孩一樣對我解說起來。那件洋裝真的很棒，穿起來涼爽又舒服。在知恩寺的手作市集還只有十家左右的攤位時，文具店似乎也兼營販售和服修改的洋裝，老婆婆的手藝真的很不錯。

日常的閒聊對話、手上深深的皺紋，每一件小事都讓我想起許多重要的事情。老婆婆的生活一步一步堅穩踏實，毫不動搖也毫無疑惑。不管是對自己還是別人都充滿了愛心，每天用心且優遊地生活著。

這是一家讓你想起許多被遺忘的事物、極富韻味的文具店。

約昭和三十年代的卡片立台

製圖用瓶裝墨水

墨水組合
Avec Ink

SetSuper
Quink

優雅的鬱金香和
鷺鳥圖案的
自動鉛筆

油性麥克筆用
補充墨水

昆蟲名箋

口取紙

夾鉛筆的圓規

虎牌罐裝雞眼釦

約昭和三十年代的卡片立台

滿佈塵埃、被太陽曬得斑駁的紙盒，側面印著「堅固的卡片立台（中型）」。裡面是一個鋁製的卡片立台，小心翼翼地用一個個小紙團塞滿空隙保護著。這是個稍有重量的立台，相當穩固。底座上用來夾紙張或卡片的夾子，做成類似安全別針的造型，看起來十分樸素而不失味道，剛好很適合拿來展示明信片。

製圖用瓶裝墨水
Pilot 製

高約二十公分的大瓶墨水（350c.c.），是製圖、沾水筆、毛筆用的特殊墨水。藍墨水和紅墨水包裝外盒的設計圖樣不太一樣。使用時要先把蓋子的前端剪掉，瓶子的開口設計讓分裝小瓶墨水不再那麼麻煩。黃色的外盒設計很復古。現在販售的瓶裝墨水，瓶身變成流線型，商標也改成簡潔的草寫。

Super Quink
Parker 製

這是一瓶黑藍色的墨水。瓶身清爽的標籤設計，光是放在書桌上就讓人很難忽視。現在販售的墨水，瓶蓋幾乎都是塑膠製，這瓶墨水的蓋子卻是鋁製，反而令人感到新奇。打開瓶蓋時，有種無法言喻的感觸。邊緣有點生鏽的感覺，讓這瓶墨水更有味道。

墨水組合 Avec Ink
Pilot 製

附蓋的塑膠盒內，裝有紅藍兩色的墨水瓶。以前文書事務最常使用的就是這兩種顏色。avec 是法語，是「和……一起」的意思。現在雖然較常用 pair 這個詞，不過以前說到一組、一對，常常都會用 avec。很有趣的命名，也保存著時代的特殊氛圍。

油性麥克筆補充墨水
Pilot 製

油性麥克筆 Super Color 的專用補充墨水，似乎是使用注墨器直接加入墨水。雖然蓋子上印著「墨水容易揮發，務必將蓋子鎖緊」，但實在放太久了，裡面的墨水都揮發得差不多了。瓶子比鋼筆的墨水瓶要大上一號。現在販售的 Super Color 已經改成方便的卡式墨水管了。

優雅的鬱金香和鷲鳥圖案的自動鉛筆

這兩支自動鉛筆的長度比較短，剛好可以夾在隨身手帳上。可能是男生使用強壯的鷲鳥圖案，女生使用紅色的鬱金香圖案吧！照片中的綠色本子，是在銀座的 ITOYA 看到的架上商品。KOKUYO 的田野測量筆記本，這是可以用在戶外寫生或記錄備忘的筆記本，淺藍色的三釐米方眼格，站著也很好書寫。

標籤紙
A-ONE 製

這是和郵票一樣沾水黏貼的種類。A-ONE 是昭和三十四年（一九五九年）創立，專門生產標籤的廠商。仔細看看被太陽曬黃了的小紙盒，上面印了卡紙裝訂的收據圖案，四個側邊的文字都是立體凸印。連這麼小的地方都很講究。打開盒蓋，內側用舊字體印著「嚴禁濕氣」的字樣。

昆蟲名箋

從某個抽屜裡找到一疊用牛皮紙包起來的便條紙，幾乎都已經毀損到無法使用的地步了，不過，還是搶救了幾本下來。封面印著「蜻蜓的圖案和 KAISER」的字樣，展開的蜻蜓翅膀很像標本針組合。這是採集昆蟲時使用的記錄紙，印有分類、名稱、採集日期、場所、採集者等項目。

虎牌罐裝雞眼釦
TORAYA 製

罐子上印著「TORAYA EYELETS」的字樣。這是裝訂孔的加強用品，只要使用打釦機（參照一七七頁）就可以輕易裝上。還沒有推出活頁紙或是檔案夾時，是在卡紙上打洞，然後用黑繩穿過將文件裝訂起來。所以雞眼釦在當時是一項非常重要且實用的物品。

夾鉛筆的圓規

在厚實的抽屜裡找到這支看起來不怎麼牢靠、設計簡樸的生鏽圓規。其中一支腳做成夾子的形狀，用來夾住鉛筆。使用到一半、不長不短的鉛筆最適合拿來搭配這支圓規。試畫的結果，發現比用筆芯的圓規來得順手，可以畫出好看且漂亮的圓。

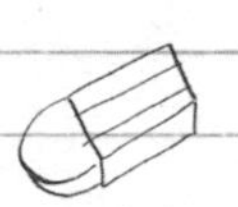

專欄❶ 老爺爺的書房

這裡要介紹的老舊文具和書籍，是從朋友家族親戚中一位喜好昆蟲和自然標本的老爺爺的書房裡挖出來的。當初朋友聽聞老家房子要拆建，趕忙去搶救下來。學者岡崎常太郎在昭和五年（一九三〇年）出版的《昆蟲七百種》，與其說是昆蟲的描述，更引人注目的是全書幾乎都是用片假名（日語中表音符號的一種）寫成，充滿了「衝吧！片假名！」的幹勁。這般竭盡心力地使用片假名撰寫而成的有趣書籍，讓我和朋友不禁捧腹開懷，大笑不已。

裝著顯微鏡用玻片標本的木箱，看起來就像外國製的古董木盒，讓人感覺到老爺爺有多麼地寶貝愛惜。這樣深入地面對大自然，採集動植物標本，閱讀有趣的昆蟲書籍的老爺爺，究竟都使用怎樣的文具呢？好想進他的書房看看呀！

不知是不是上天聽到我的心聲，老家拆建的時間延後了。於是我在知道朋友想要二度拜訪老爺爺的書房時，拜託他幫我找找看有些什麼文具。果然如我想像，全都是整理收藏標本必須使用到、即使褪了色，也還是很有味道的文具。

右上　兩本岡崎常太郎的著作
下　《昆蟲七百種》
左上　裝著顯微鏡用玻片標本的木箱

從右上依序是
照片固定三角貼、三種釘書針、Mitsuya 的大頭針、
頂級 LION 謄寫用鐵筆（採用鋼筆的外型）

從紙店開始經營的文具店

一張紙傳達的訊息

長谷川和洋紙店
（東山區／大和大路和五条通交叉口往北走）

紙張每天都存在於我的生活當中。一早起來看報、繪圖、使用許多不同種類的紙張製作拼貼、寫文章。店裡面陳列著法國製的筆記本和各式各樣的紙製品，素描本、影印紙、粗糙的草紙、塗蠟的紙袋、半透明的描圖紙等等。

因為喜好而蒐集的紙品，有老舊的國外火車票、收據、糖果餅乾的包裝紙、麵包袋、吸墨紙等不一而足。比起乾乾淨淨、整整齊齊的紙品，我私心偏愛陳舊破爛、韻味十足的紙張。

平常就算用網路查資料，我也不會直接在電腦螢幕上閱讀，而是用紙印出來再細看。雖然和無紙化的環保理念相違背，但要在螢幕上閱讀實在很不習慣，就只好這樣了。在重點地方畫上紅線或圈起來，用夾子把紙張整理好，也許我喜歡的是用手接觸紙張的動作。為了不浪費紙張，也盡力留心將正反兩面都充分使用……。

有時候繪圖工作不太順利，沒什麼進展，我就會一直盯著一片空白的紙面。雙手抱胸，想看看眼前的白紙能不能浮現出什麼畫面來，不過白紙依舊沉默不語。只有當我開始動手描繪、與它對話，才總算默默地縮短了我們之間的距離。

那是發生在炎熱夏季的某一天。

暑熱到達高峰的八月，每天都會在五条坂舉辦陶藝祭。雖然沒有任何想買的東西，但就是會

過去看看，這幾年來已成為生活中的一部分。白天因為人潮擁擠，光是走路就讓我頭暈。逛完市集在回家的路上，為了從人群中脫身，偶然間走進一條岔路，發現了一家店。店門口擺了好幾個瓦楞紙箱，裡面滿是一疊又一疊的紙張。只要一百塊日圓，就可以買到多得幾乎要抱不動的紙。比A4或B5略小、不合一般常用尺寸的紙，細長條的紙，各種顏色的紙，通通都在呼喚我。

我毫不猶豫地立刻蹲到紙箱前，開始仔細翻看裡面的紙張。一張一張用手觸摸之後發現，不但有乾淨厚實的紙張，甚至還有頗為高級的和紙。其中，我看到了一疊色澤柔潤的乳白色紙，大概是B5大小，但是略窄一些的尺寸。

可能有三百張以上吧？我覺得一定可以拿來做些什麼，於是抱著這麼一大疊紙走進店裡。這就是我第一次拜訪長谷川和洋紙店的契機。

紙店常常會便宜販賣這種裁完多出來的紙頭，我以前就曾向造紙工廠買過這樣的紙。店裡各式各樣的紙品堆積如山，還有筆類、帳簿類、筆記本、各式紅白包袋、印章、膠帶、膠水，甚至是價格標籤等等的店舖用品。桌上可以看到使用了很久的打洞機。櫃子或是抽屜裡頭可以發現許多老舊的盒子，以及擁有令人懷念氣味的物品。

矗立在紙山當中的油壓式裁紙機，姿態彷彿就像是這裡的主人，現在依舊辛勤地工作著。

「這台機器還真是耐用哪。」

長谷川老闆瞇著眼睛看著長久以來一起工作的裁紙機，這可是從昭和初期（一九二六年起），前一代老闆的時代開始，就一起從事紙張工作的夥伴。

「還可以繼續工作下去呢！」似乎可以聽到這台老舊的機器這麼說。

由於清水燒等有名陶器店所在的五条通就在附近，因此，主要業務是提供包裝陶器的紙張和包在木盒上的和紙給店家。另外還有特殊的砂紙，用於修正陶器用木盒上磨損的文字，可以在不傷害木盒的狀況下，輕輕磨掉文字的部分。

在明治時代，村井吉兵衛創辦的香菸工廠也在附近（參照十九頁），香菸生產繁盛時期，據說也提供過紙菸用紙。後來改做木屐夾腳部分的繩帶以及出家人的袈裟內裡，總之就是一直在用心製作人們需要的物品。害怕濕氣和陽光的紙張，在保存和使用上出乎意料地麻煩。

紙雖然是那麼薄薄的一張，但人類卻已經使用了很長的一段時間，搞不好可以算是最接近我們、支撐我們生活的一項物品。例如在禮物外面包上一張紙的習慣，不知為何就是能讓我們感受到贈送者的誠意。

而我在這裡買到的紙，後來使用在一個幸福洋溢的場合。有位老友決定結婚了，委託我幫她製作喜帖。她是我以前在證券公司上班時的同事，也是當初身為電腦工程師的我，因為學藝不精而去進修時，第一個幫助我的人。本來因為討厭數學而想逃離數字的世界，但卻踏錯了一步被分配到這裡。正當我陷入困境，一個人抱頭苦思的時候，她在寫程式方面給了我許多幫助。但是她的教導絕不讓人感覺過於溫柔瑣碎，而是比較爽快、不拖泥帶水的類型。她本來就是這樣的一個人，我覺得這種沒有任何裝飾、觸感又很好的白紙，非常適合用在她幸福人生的第一步。

在紙上繪製了手寫文字和素描插圖，加上一張描圖紙，然後繞上一圈細線固定，再挑選和紙張搭配的白色信封，裝好寄出去。一百份喜帖做起來有點累人，但我仍懷抱著希望對方幸福並生下健康寶寶的心情，一張張地製作。

在這裡誕生的每一張紙，寄到各個不同的地方，被不同的人打開。光是想像他們驚喜的表情，就讓我的心雀躍不已。

紙張會隨著使用的人不同，而化做不同的形式、前往不同的地方。和一張紙的相遇，造就了許多人的笑顏。

桌上型磨芯器

橢圓標籤

橢圓標籤

背面沾水黏貼的標籤，和方便的貼紙不同，必須沾水使用這一點，增加了標籤的質感，讓人覺得很有氣質。可以對摺後黏貼使用於腰帶或項鍊等環狀商品上。蓋上印章或寫上文字，寫信的時候貼在信紙上裝飾也很有趣。

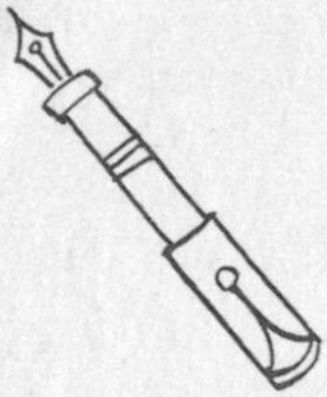

桌上型磨芯器

DAHLE 製

在抽屜深處找出來的磨芯器，是專門用來磨製圖・工程筆的筆芯。深粉色的外盒雖然斑駁褪色了，看起來還是很有個性。磨芯器本身非常穩固安定，插入筆芯轉動起來也分外容易。有紅、綠、深灰、淺灰四種不同尺寸的筆削，可以搭配不同尺寸的筆芯使用。和自動鉛筆不同，它的筆芯比較粗，書寫的時候比較穩定，也比較不容易折斷，這是製圖・工程筆的優點。有時候也會看到周圍有人使用製圖・工程筆。因為算是一種專業用筆，使用起來會覺得特別順手。

◎德國的 Solingen 是以製造優質刀具聞名的城市，也設立有刀刃博物館。德國的 DAHLE 公司是由 Wilhem Dahle 在一九三〇年創立，運用 Solingen 地方歷史悠久的技術，製造各種切割、剪刀等園藝工具。

從紙店開始經營的文具店

守護紙張的抽屜

川村

（東山區／松原通和宮川町通交叉口往東走）

我一直都覺得一整排抽屜看起來非常美麗。巴黎的 Clignancourt 跳蚤市場，有一家觀光客不會去，平常也不是很多人的古書店。昏黃燈光的房間裡，飄蕩著老舊紙張特有的氣味。其中有一整面的淺抽屜，裡面存放了不知道多少張一九五〇年代，甚至更早以前的古老海報。站在有著繁複裝飾把手的古樸抽屜前，我幾乎無法呼吸。二十個抽屜，不，說不定還要更多。打開抽屜時總會有點猶豫，因為感受到漫長時光的累積。也許就是拉抽屜這個動作讓我心跳加速，抽屜裡原本看不到的東西，隨著手拉的動作慢慢出現在眼前。也許是超乎想像富含韻味的東西，也許是很普通的玩意兒。接下來會是什麼呢？裡面裝了什麼呢？在這短短幾秒鐘的時間內，心中滿溢著期待。

我的店裡是使用以前從某個小學搬來的、老舊的木製書目卡櫃來裝雜貨。是個三排四層的櫃子，抽屜把手的五金還可以放置書寫分類的小卡片。一般是把法國製的鈕釦、明信片、便條紙、老舊的釘書針盒子等小東西擺在裡面，整理好關上所有抽屜後，就不准別人打開了。因為一旦開了幾個抽屜，就會忍不住一個接一個開下去。

在拜訪文具店的旅途中，「清水一貫堂」的建伍曾告訴我：「有個地方似乎有很多古老的抽屜喔！」那是和他家同樣位於松原通附近的一家文具店，附近就是到傍晚時會亮起紅色的三輪紋章（燈籠上有三個紅圓圈交互構成），微光照在石板路上，茶屋（舞藝妓受客人邀請，前往和客人飲酒、表演的優雅場所）隨處可見的花街宮川町。光看商店外表，不會覺得裡面有賣多古老的東西，不過，一踏進去，我便忍不住屏住了呼吸。第一眼看到的雖然和一般文具店差不多，都是些筆記本、筆類、事務用品等新式文具，不過店內靠裡右邊的那面牆，有一大片高到天花板、幾十層的厚重抽屜櫃。和巴黎跳蚤市場看到的抽屜櫃一樣，抽屜本身是很有光澤感的麥芽糖色，配上結實的黑色鐵製把手。分類十分詳細，有和式包裝紙、美術包裝紙、水引（日式紅白包的裝飾繩結）、模造紙、純白紙等等，每一個抽屜都放了不同種類的紙品。

「每次店內重新裝潢，只有這個抽屜櫃絕對不會處理掉。其實也有人想買下我們這個抽屜櫃呢！」第五代老闆溫柔地撫摸著櫃子。

一問之下，才曉得這個櫃子從昭和九年（一九三四年）開始，便一直在這裡守護著這家店。承載著回憶，歷經漫漫歲月的抽屜櫃，讓人感受到堅毅不搖的力量。

河村在江戶時代（一六〇三～一八六八年）是以經營紙店起家，主要販賣的是紅白包袋跟和紙，和宮川町的茶屋關係頗為密切。身穿豔麗和服的舞妓和藝子經常習慣往來於此。

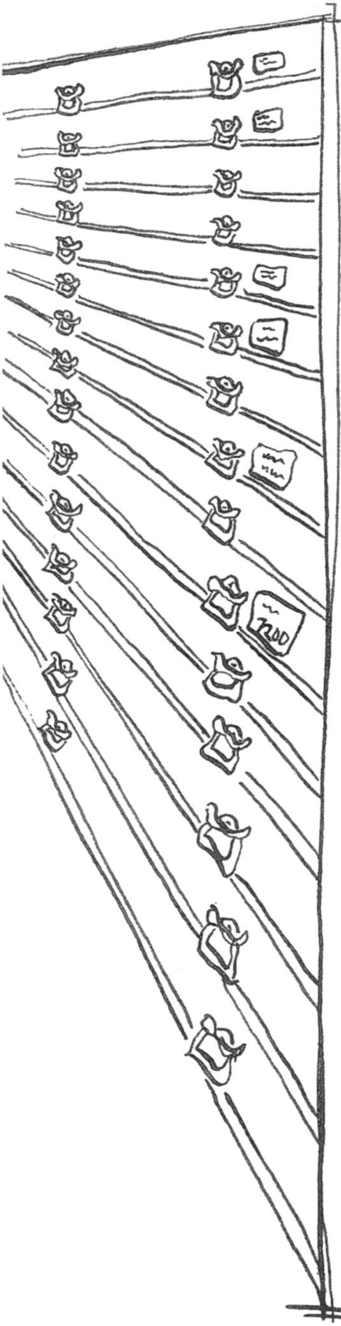

「有時候會需要包裝一些東西吧，譬如拿錢的時候，鈔票白花花地亮出來總是不好看。」

說到這個，櫃子最底下的深處……應該可以找到什麼好東西吧。最外頭的茶色包裝紙上蓋了許多寫著「菊」或是「世界第一」的舊字體印章。取下綁帶打開一看，裡面是一疊古老的和紙。從長眠的狀態醒過來的和紙，居然一點都沒有受損的痕跡，摸起來非常輕薄柔軟，令人愛不釋手。這是造紙工匠一張一張製成的作品，讓人對於專業手工製作的偉大有了一番新的體悟。究竟在這裡沉睡了多久呢？抽屜中彷彿深藏著一個廣大的未知世界。

老闆熱情洋溢地彈奏著過了六十歲才開始學習的烏克麗麗（夏威夷語 ukulele，是很像小型四弦吉他的弦樂器），間或聊著這附近曾經有過的繁華榮景。

「昭和五十年代中期（約一九六〇年），打字機流行的時候，展示櫃裡擺了一整排的 Olivetti 打字機，銷售量更是一飛沖天哪！」

對著馬路的櫥窗裡擺滿了打字機的景象，

只是想像就讓人覺得感動。但物換星移，那樣的光景早已不復存在，現在的時間則是安靜而緩慢地流動著。守護著紙張的抽屜，是如何看待這樣的時空變換呢？相對於抽屜承載著時光的沉重感覺，烏克麗麗輕快的音色總是溫柔地在文具店中繚繞。

賽璐珞的鐵筆
圓筆

賽璐珞的鐵筆
圓筆

日光製筆製

「老舊的東西幾乎都處理掉了，紙品很容易受傷，所以沒留下什麼。也曾想過保留一些東西，不過大概只剩下這些了吧。」從老闆手中接過來的，是賽璐珞製的油印用筆。一端是鐵筆，另一端是珍貴的象牙，筆身則是典雅的薄荷綠和白色相間條紋。我是第一次看到這麼漂亮的鐵筆。另外一項物品則是筆尖分成兩半的圓筆，俗稱鐵道筆，可以用來訂正錯誤或是畫底線。外盒上貼了NIKKO的貼紙，感覺有點奇怪。把貼紙撕下來後，可以看到下面印的是「TOYO SEIKO」字樣。查了資料才曉得，「TOYO SEIKO」是戰時製造海軍用沾水筆尖的廠商，之後改名日光製筆繼續生產。一張小小的貼紙背後，也隱藏了一段歷史。外盒設計得很簡單，紅黑雙色十分帥氣，讓喜歡小盒子的我興奮不已。

從紙店開始經營的文具店

聯繫人與人之間的紙張

木村紙文具店
（上京區／千本通和寺之內通交叉口）

我的法國雜貨兼畫廊「trico+」開幕至今剛好五年了。在希望能兼顧開店和原本繪圖工作的前提下，經過許多次的嘗試，終於在一年前決定改成每月一次，僅隨同展覽活動才對外營業的工作坊形式。近來就不稱為開店，而說是工作室開放的日子。現在不需要一直待在店裡等客人上門了。如果還是維持本來的經營型態，我想我可能沒辦法撐下去。

如果是和人約好的話，等幾個小時都沒有關係，但是在不知道會不會有人來的狀況下就很難苦等。也想過只在要舉辦活動或展覽時才發出通知到底可不可行，還好有許多大老遠過來或是每次都參加的客人支持，讓我常常能和各式各樣的人接觸。

不過，店裡一下來了很多人，讓我有些應接不暇，也無法和特地來參加的客人好好聊天。因此，即使名字和長相能夠對上，我卻很難記得住和對方究竟聊了些什麼，沒辦法好好招待對方，也沒辦法寫信回禮道謝。啊！覺得不周到的地方可多著呢！想照自己理想中的模式經營必須花費很多心神。和開店時比起來，沒開店時要做的事情更多，事前準備和聯絡等事務就得花費很多時間去進行。現在雖然覺得，那就慢慢地、開心地把這些工作做好吧！但只要去看了別人家的店，就會發現自己需要學習改進的地方多得不得了。

每月的二十五日，前往北野天滿宮的天神市集途中，在等著過千本通的紅綠燈時，發現了這麼一家店。沿著大馬路可以看到醃漬老舖、乾貨店等等，是匯聚了各式各樣商家的商店街，以西陣織（在京都，用已染色的線織成的織物的總稱）聞名的區域也在這附近。我就在這裡發現了一家門戶大開而一目了然、麻雀雖小卻五臟俱全的文具店。

我跨在腳踏車上觀望了一會兒，這是一家兼賣香菸的店，客人來來去去絡繹不絕。店頭站了一位默默不語的老先生，老闆一聲不吭地立刻做出回應，馬上拿了（應該是對方常買的）香菸出來，付錢和收錢也十分俐落。看來老闆對於客人平常抽些什麼菸，全都記得一清二楚。

「好厲害喔，每個客人的喜好都記得耶！」

第二次經過的時候，老闆似乎在和鄰居聊天。於是我停好腳踏車，一邊觀察店裡的樣子，一邊走進去。

店裡沉睡著好些讓人懷念的古老用品。右邊的玻璃展示櫃中，可以看到散發出昭和時代氣息的筆盒和電動削鉛筆機。我縮著身體從櫃子的縫隙看進去，看得一動也不動。因為日曬而泛黃的筆記本一疊疊地放在那裡。立在幽微一角的旋轉架上陳列著Japonica的作業本。老闆就站在擺放著紅白包袋的玻璃高櫃另一邊，專心地握著毛筆寫字。

在做什麼呢？看了一會兒才發現，似乎是

在紅包袋上寫賀辭、名字和金額。「五萬日圓是嗎？」「是的，沒錯。麻煩你了！」

從櫃子的縫隙中，可以看見細心地書寫、和氣地服務著客人的老闆的臉。我還是第一次看到文具店提供代人題字的服務。

買紅包袋的客人走了之後，實在很想跟老闆攀談的我，想到手邊正帶著剛買的舊型Max釘書機。「我在找這個釘書機可以用的釘書針。」就這麼開口詢問。

老闆的眼睛亮了起來，露出笑容說：「喔，這東西很老了喔！」翻開目錄查詢型號，然後仔細地告訴我，現在的釘書針有哪些可以通用的，同時教我怎麼裝針。不時還穿插著和進進出出的客人交談問候。總之，老闆不管是動作還是說話都很溫文儒雅，看著他和其他客人談笑，我也覺得很愉快。老闆爽朗而富有節奏感的語氣和笑容，自然地熨貼著客人的心。

第三次拜訪的時候也一樣。我剛好看到小學時使用的那種古老剪刀，毫不猶豫地就買了下來。

「妳買了很久以前出的東西啊！」「上次謝謝你告訴我可以用哪種釘書針。」「啊，妳是那時候的……呵呵。」老闆似乎是想起來了。

「只能說真是謝謝您了。」我這麼一說，老闆便笑著搖搖頭。

第四次拜訪的時候，終於能夠請老闆幫我在紅包袋上題字了。從櫃子的縫隙中盯著老闆運筆的姿勢，老闆的字真的好有韻味喔！看別人寫字或畫畫怎麼會這麼地快樂呢？

然後，我們聊到一些關於這家店的事。「我們本來是開紙店，就是賣這種紅白包袋呀！雖然是昭和六年（一九三一年）開始經營，不過還算是新店哪！那邊的醃漬舖還有和菓子店都有百年以上的歷史了。」雖然說得這麼謙虛，但七十五年的歲月也已經很不容易了。

紙張聯繫著和人之間的情感，紅白包袋也身負著這樣的使命。一邊幫我打著草稿，一邊在其他客人進來的時候很有精神地打著招呼。「歡迎光臨——」今天也充滿節奏感。

老闆爽朗明快的個性非常有吸引力，就是讓人感覺即使是一支筆、一個橡皮擦也會想來這裡買。受到鄰居愛戴的商店街文具店永遠都充滿了活力。

能夠聯繫人和人的商店，我希望我的小店也能夠如此。

兩用便條座

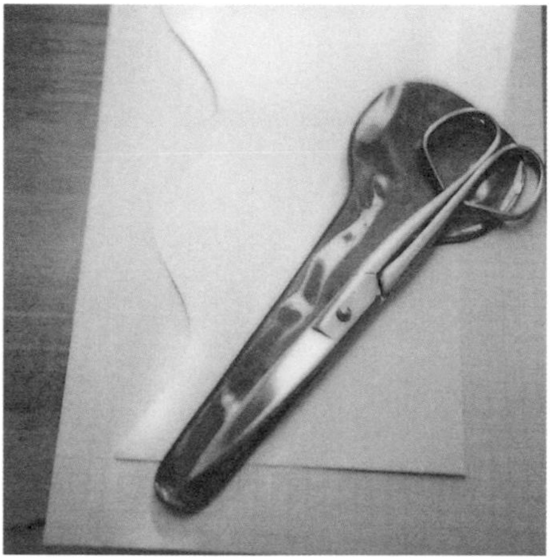

舊式剪刀

舊式剪刀

剪刀是日常生活中最常使用的文具之一。雖然每天都在使用所謂的機能性剪刀（擁有剪了膠帶也不會沾黏等各種特性），但還是覺得舊式剪刀的樣式很有味道。在盒子裡一堆新式剪刀當中，發現了唯一一支套在深綠色塑膠套裡的粗刃剪刀。雖然是一支再簡單不過的剪刀，但卻越看越喜愛。

兩用便條座

CARL 事務器製

CARL 事務器原本是一家製造板金或壓模等器具的金屬加工業，可說是運用專家級的技術在生產商品。兩用便條座是從公司創立至今生產沒有中斷過的長銷型商品。商店的收銀櫃台或是老舖喫茶店裡，一定會有這麼一個便條座。經過長時間的使用後，變得越有味道，算是一種可以拿來「養」的文具。除了放在桌上，也可以掛在牆壁上使用，比起塑膠製的便條座，感覺更牢靠。深綠色的底座上，有兩隻面對面的山羊浮雕，看起來很典雅。在家裡也可以拿來整理收據或發票。

古董市集旁的文具店

寶貝的沾水筆尖收藏夾

須原金華堂（上京區／千本釋迦堂前）

每個月二十五日前往天神市集（在北野天滿宮舉辦的古董市集和廟會），是已經融入我日常生活中的例行活動。除了有非辦不可的事情或是下雨天，不然我都會在中午過後悠閒地騎著腳踏車出發。

不需要一大早就起床強打精神出門，只要在自己喜歡的時間前往即可。在巴黎的跳蚤市場進貨時，必須在天還沒亮的時候早起（冬天時還得拿手電筒）出門，因為那算是在工作。在京都則不是要進貨的關係，不需要太過緊張。

我享受著市區裡獨特多樣的熱鬧氛圍，一面東張西望，看看能不能找到什麼寶貝，一面輕鬆地漫步。當然，不能忘了參拜神社，向學問之神祈求姪女能考上大學、全家身體健康。神社中央區域一整片的攤位中，小時候最期待的就是撈金魚和蘋果糖。買了不甜不膩的前田雞蛋糕，一個接一個塞進嘴裡，邊吃邊閒晃。覺得有點累了，便轉往神社西側的園藝市集，向幫忙父母經營的大型植栽店，又自己開了園藝店的田中美穗小姐打了聲招呼，然後到「大屋咖啡」這個移動式咖啡店休息片刻。冬天喝熱咖啡，夏天就喝冰咖啡。熟悉的場所、熟悉的面孔，令人放鬆的一刻。

觸目所及全是枝葉繁茂的樹木，和在小小世界中展現萬種風貌的盆栽，讓我想起了童年時在博（位於九州北部）多的小小庭院內度過的時光，內心不禁滿溢著感動之情。在這種環境中喝下的咖啡實在美味至極。到了這裡，每個人都變得自然而放鬆，真的棒極了。

愉快地逛了幾個小時，該回家了。從神社東側的市集那條Y字形道路的分岔口往西走，便可以走到烤麻糬店「天神堂」的那條街上。經過距離市集很近的千本釋迦堂前面時，我發現了這麼一家文具店。店門口裝飾著波浪形彩帶，從外表看起來沒什麼古老的感覺，不過在拜訪了這麼多家文具店之後，我知道不進去看看不會發現店裡究竟藏著怎樣的寶物。

走進店裡，看到的是一整排的小學生筆記本和鉛筆等文具。

老闆馬上就過來打招呼，一開口就說：「我們家主要是賣小學教科書喔！」

昭和十三年（一九三八年）由已過世的父親

創立，除了負責各所小學的教科書分發運送，還同時經營文具店。因為大戰的關係中斷過一陣子，回復之後便持續到現在。小學生人數還很多的時候，曾經處理過滿滿一大貨車、堆得像山一樣高的教科書這樣的大工程。

隨手翻看的架上擺的都是較新的商品，收銀櫃台內或是裡面的櫃子有時也可以找到老舊文具。聊著聊著，老闆口裡雖然說：「老東西啊，好像不多耶！」卻又從收銀櫃台後頭的櫃子拿了東西出來。二十五日舉辦天神市集的這一天，看來有不少像我這種想尋找老東西而走進來的人吧！

「這個如何？也許沒什麼用，不過是老東西喔！」

是如嫩芽般的淺綠色賽璐珞沾水筆桿，還有整齊地放在盒子裡的立川沾水筆尖。剛好這兩樣都是我繪圖時會用到的東西。

「哇！太好了！」

「鋼筆尚未問市之前大家都用這個呢！用筆沾墨水之後在帳簿上記東西。」

「我現在也是這樣畫畫喔！」

「咦？真的啊？妳是漫畫家嗎？這樣的話，我有很寶貝的東西，想看嗎？」

於是老闆從很裡面的櫃子裡取出一個扁扁的盒子，慎重地抱在胸前。那是一個二十公分乘十五公分見方，厚約二公分的深藍色陳舊紙盒，盒子的邊邊角角都磨損了，露出裡頭的紙材。看到生鏽的鉸鍊，大概可以想像年代有多古老。盒子的外表淡淡地印著「SLIDER」，實在看不出來裡面裝了什麼。

「咦？這裡面是什麼呢？」

慢慢地把盒子打開，黑色天鵝絨上滿滿地排列著閃閃發光的鋼筆尖。我完全沒料想到會是這麼精采的寶貝，心跳怦怦地加快起來。閃著金色、銀色光芒的筆尖，整整齊齊插在鋼筆尖專用的盒型收藏夾裡。使用鬆緊帶固定，一排可以插十二個筆尖，這個盒子總共可以容納一百二十個筆尖。收藏夾歷盡風霜的樣子，和裡面宛若新品的美麗筆尖呈現強烈對比，讓人不敢逼視。收藏夾裡東缺西漏，卻依然還剩下八十八個筆尖傲然挺立。看來，在鋼筆流行的時候，文具店也提供鋼筆保養或更換筆尖的服務。筆尖的粗細和尺寸大小各有不同，材質是全金、全銀或金銀搭配，筆尖出墨的刻痕有心型或人字型等等。一個個仔細欣賞起來，樂趣多多。

「真的好美喔！」我和老闆兩人震懾於筆尖之美，久久無法自己。從天神市集回家路上隨意走進的文具店裡，居然能看見連古董市集都無法匹敵的美物。

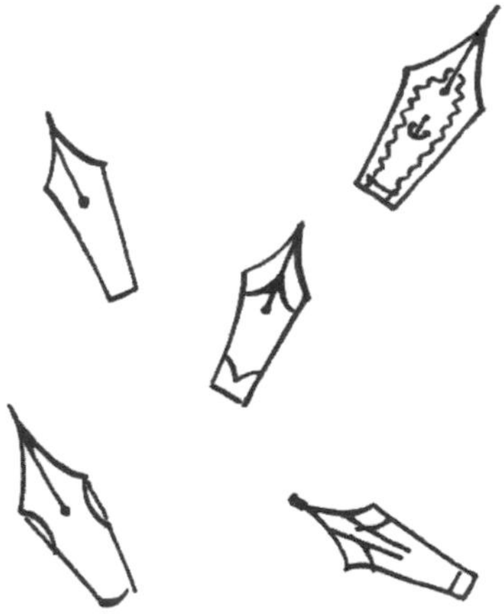

寶貝的筆尖收藏夾

賽璐珞的沾水筆桿鋁製筆尖

寶貝的筆尖收藏夾

外盒印有「SLIDER」字樣，會不會是昭和四十五年（一九七〇年）創立的東京Slider筆尖筆桿製造公司出品的東西呢？收藏夾裡排列著合金、14K金等各式的鋼筆替換筆尖，滿滿一盒真是美不勝收。

◎京橋Pilot筆博物館的玻璃展示櫃中，也可以看到十分相像的筆尖收藏夾綻放著迷人的光彩。似乎是只有文具店業務使用才能購買的產品。

賽璐珞的沾水筆桿

在很多文具店裡都可以看到印著「日本筆桿工業會規格品Orions」字樣的沾水筆桿。以前Orions可說是和onoto齊名的品牌，同時也從事鋼筆製造。狀態宛若新品一般，筆桿有賽璐珞製、綠色大理石製，還有白綠相間的條紋等樣式。筆身的綠色感覺很清爽，讓人忍不住想買一支。

鋁製筆尖

立川製

透明的塑膠盒裡排列著的D筆尖（匙筆尖），材質是鋁製。經過長久的時間，表面都有些腐蝕了，但是寫起來十分滑順，所以繪圖時常會使用。

◎在文具店還被稱為毛筆店的時代，明治三十年（一八九七年）時，立川的創立人立川泰之助在大阪設立了第一家名為「文具店」的商店。沾水筆尖的廠牌「日光製筆」也隸屬於立川公司。

古董市集旁的文具店

在文具的森林中徘徊

橘文具（南區／八条通和豬熊通交叉口往東走）

每個月的二十一日，是東寺的弘法市集舉辦的日子。雖然不像天神市集一樣每個月都會去逛，不過每隔幾個月我還是會去看看有些什麼古董。說是古董，其實也不是什麼高深難懂的東西，我喜歡的玩意兒和所謂的雜物比較相近。在這些雜物之中，常常可以發現很多深具魅力的物品。

京都市內從北到南即使騎腳踏車也有點距離，所以不做好心理準備是出不了門的。不過如果沿著鴨川南下的話，就不需要管紅綠燈，只要三十分鐘就到了。

京都的地形是個緩坡，去程很輕鬆，但回程就得用力踩踏板。我住的地方（北大路通到今出川通附近）和東寺這裡（八条通），據說高度相差一座東寺五重塔（約五十五公尺）那麼多。連氣溫都是以今出川通為界，越往北溫度就越低。

從京都車站出來，過了堀川通之後，因弘法市集而聚集的人潮就多了起來。這附近基本上算是舊市街，平常經過的人不多，商店也零零落落。趁著弘法市集這天，沿路就像跳蚤市場一樣，到處都是衣服或和服布料等等的攤子。我得逆著大包小包買好東西回家的人群，繼續騎著腳踏車前進。

我和平常一樣晚到，今天也是下午才過來。每次都會拜訪的文具攤老爺爺已經擺好位子了嗎？好久不見了，心裡實在很期待。那個攤位就像是直接把文具店搬過來一樣，鉛筆、沾水筆、小夾子、筆記本等等，品項齊全放在展示架上。腳邊的位置大都是些怪怪的錄影帶，而我則盯著蹲在那兒專心尋找的男客人身邊的老舊小夾子、圖釘猛瞧，這幅光景實在有點怪異又可笑。平常老爺爺的文具攤就擺在北門進去的旁邊。可是今天那裡卻是空空如也，是早早收攤回去了嗎？

問了隔壁賣毛巾的大叔以後，他回答：

「啊，那個老爺爺啊，最近都沒有來哩！」

氣死我了！我只好到處閒晃好換個心情。在天神市集常看到的人，在這裡也都會遇見，因為很多業者兩邊都會參加，觸目所及全是些以前就看過的東西。這天離開弘法市集時真有些意志消沉。

歸途會到西門前賣萩餅的巴屋看看，然後再到八條通去買可樂餅……大致上的行程都是這樣。不過今天這個時間，最受歡迎的萩餅應該已經沒了，現在只想吃到可樂餅。往常一下子就騎過去的地方，今天因為剛剛生氣的緣故，於是改成牽著腳踏車慢慢走過，就這樣，很幸運地發現了「橘文具」這家店。

從外面看不到店裡的情況，不過總覺得應該會有好東西。發黑的展示架上黏了許多古幣當成裝飾，褪色的文具彷彿就是為了這一刻而等到今天。

剛剛還很沮喪的心情跑哪兒去啦？我現在已經完全陶醉在文具櫃的世界中了。也許是看到我心情不好，老闆一直沒有過來打擾我。過了一會兒，我們才好不容易開口打聲招呼。老闆已經很習慣逛完古董市集後過來、那些喜歡老東西的客人了，所以只說了聲：「自己隨便看看啊！」沒有亦步亦趨地跟在客人身邊，彷彿一點也不關心，其實是很注意。如果還不習慣衡量狀況的時候，要抓到其中的分寸還真是件困難的事。

鉛筆、檔案夾、傳票、漿糊、剪刀，一盒盒裝好的商品堆成了小山。店內十分狹長，比較裡面的地方不會直接照射到陽光。也幸好如此，筆記本的封面並沒有因此褪色變黃，還保持得相當漂亮。站在連一個人要走過都有點困難的櫥櫃空隙中間，開始徘徊在文具的森林裡。越舊的文具擺在越下層，被新商品擠到最下面的便是頭等艙。而下層櫃子深處盒子上的塵埃，更是經過長久歲月所累積出來的勳章。小心地不讓灰塵落下，輕輕取出盒子打開的瞬間，就彷彿是打開藏寶箱那樣緊張興奮。大家也許會想笑我吧！但真的是如此。

「啊……」不自覺地便張口發出聲音。那是一個滿是灰塵覆蓋、已經褪色了的紙盒。

「是什麼呢？」小心翼翼不破壞任何東西的狀態下，將已經被太陽曬得破破爛爛的盒子打開。一不注意便有可能崩壞風化，所以必須像考古調查一樣非常慎重。這麼沉重的盒子裡，原來是裝了六組紅藍兩色的墨水瓶。同樣的墨水瓶組在弘法市集的古董市場常常可以看到，而且我也已經買過類似的東西。不過玻璃瓶的形狀和打磨的狀態多少都有差異，蓋子的顏色深淺也各有不同。應該是接觸這裡的空氣以及經過人手觸摸之後慢慢產生的變化。古老的東西都會擁有各自不同的面貌，絕不相同。

「哇，原來放在這裡喔？」老闆一臉驚訝地拚命想把紙盒擦乾淨。

「不用了不用了，請不用特別去擦。擦了怕會整個破掉，這樣就好了。」

「喜歡舊東西的人都這麼說哪，總是說髒髒的比較好。」

把髒污和灰塵一起高興地帶回家，就是想在使用前親手擦拭，這也是另一種樂趣。裝了鐵筆筆芯的盒子、一整疊報告用紙……這些讓人湧出歡喜淚水的寶物，一樣樣被挖掘出來。

我將買到的寶貝掛在腳踏車龍頭上，搖搖晃晃地騎著腳踏車回家。二十一日弘法市集這天如果去東寺參拜，就算是做了功德會有好的回報，看來這個說法不假。

「也許是古物之神將我召喚到這家文具店來的啊！」回程途中，踏板果然得用力踩得吱吱作響，但我的心情卻是一路輕快順暢。

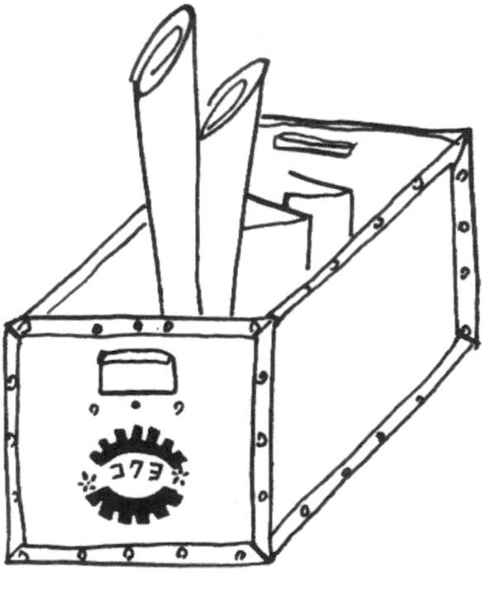

Ideal 迴紋針

報告用紙

油印板用鐵筆替換針頭

雙色墨水瓶

木製沾水筆桿

Ideal 迴紋針

San-K 文具工作製

ideal 是理想的意思。這種夾子本來是將畫紙固定在畫板上用的，但因為尺寸較大又很堅固，不管是幾張文件都夾得住，所以也適合拿來整理文件。另外，這種夾子從左、從右或從下都可以夾住文件，可以依照自己的喜好或是紙張的厚度來決定夾紙的方式。這盒夾子因為經過長久時間，質感起了變化，同時有褪色、生鏽的現象，而且表面還有些斑駁凸起粗糙，這些痕跡都讓人更覺得喜愛。

報告用紙

KOKUYO 製

這本報告用紙有著非常美麗的橘色封面。紙張本身則像是輕薄的洋蔥紙一樣，有些粗糙的感覺，藍色行線的顏色看起來也十分有深度。鋼筆書寫起來非常滑順溫潤，如同使用仿古紙張寫信般。

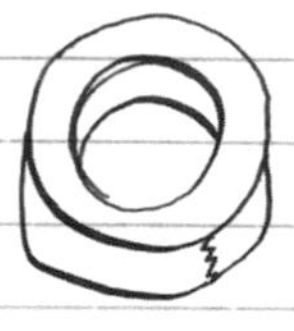

◎在探訪文具店的過程中，發現筆記本類的商品有很多都是 KOKUYO 和日章（現為 Apica）的製品。京都文具店明顯的廣告招牌幾乎都是 KOKUYO，看來總公司位於大阪，以櫻花商標聞名的「KOKUYO 筆記本」在京都蔚為主流。KOKUYO 的商標沿革也相當有趣，只要確認是何時使用的商標，大概就能推算出商品的製造年份。「襯著朝日圖案的山櫻花」商標是從昭和五十六年（一九八一年）開始使用，直到改用現在的商標之前，歷經使用漢字、片假名、廠牌名稱從右寫到左、從左寫到右的變化。這本報告用紙至少是二十六年前，甚至更早之前的商品。

油印板用鐵筆替換針頭

顏色幾乎褪光的外盒側面印著「高硬度謄寫用替換針頭」。在櫃子最底下放了至少三、四十年，甚至更久吧！長度約四公分的木製小圓筒在盒子裡滾動著，總共有十四個。圓筒外，用黃黑雙色的印刷包裝起來，還印有沿線撕開的標記。用指甲劃開蓋子，裡面裝了十根像是裁縫針一樣的東西，這是油板印刷用的鐵筆替換針頭。我第一次看到替換針是這樣在販售的，打從心底對製作這個收納小圓筒的工匠抱持著敬意。底部平坦但蓋子帶著圓弧的形狀，一個個用木頭削刻而成，然後將外包裝塗上漿糊，仔細地貼上才算完工，是一項需要耐心的工作。紙張和木製小圓筒雖然經過時光的侵蝕而褪色，但裡面的替換針頭仍受到良好的保護，完整如新。

木製筆桿

裝在印著「高級書寫筆桿」的外盒中。表現出木頭質感的樸素筆桿，其中兩支在筆尾的部分還分別包覆了紅色和黑色的塑膠。筆桿前端像鉛筆一樣削尖，非常有趣。另外三支筆桿則是全部木製，分別漆成沉靜的藍色、帥氣的紅色，還有黑色。上面還印著 Mitsukan 壽司醋的商標和「Mitsukan 546」的字樣，應該是所謂的廣告創意商品吧？

雙色墨水瓶

還在使用沾水筆進行簿記的時代，這種雙色墨水瓶是非常重要的文具用品。不過，現在裡面並沒有裝紅藍墨水。瓶蓋的顏色每一組都不太一樣，可能是本來拿出來了又放回盒子裡。原本應該是深紅和深藍色的瓶蓋，現在褪成類似淺粉和水藍的顏色，也可以拿來裝迴紋針或圖釘等瑣碎的小文具。

位於商店街的文具店

鴨川、傍晚的天空和文具

白谷紙店（上京區／出町柳 方形商店街內）

晴空萬里、涼風徐徐的早晨，我決定今天下午要到鴨川去逛逛。一整天都在處理工作或家事忙得團團轉，不知不覺中時間就這樣流逝，到了太陽西下的時候。日復一日過著這樣千篇一律的生活，不管是腦袋還是心靈，都慢慢變得頑固僵硬。

可能是生活和工作的距離太近了，常常沒辦法順利地放鬆或轉換心情。除了和朋友喝酒玩鬧的時間外，平常腦袋裡一直都轉著工作上的問題，無法拋開。

「阿雪真是個工作狂。」從事編輯和寫作的朋友實佳子笑著這麼說。

「是喔，搞不好真的是這樣……因為工作就是我的興趣啊！」我這麼回答。

現在的工作已經從事了快二十年。繪圖和雜貨，這兩樣興趣都成了工作，搞不好現在對我來說已經不算興趣了。喜歡的事情當成工作，到最後就可能會變成這樣……生活上的一切都和工作相關，死板板地連鬆口氣都很難。

這時候自然而然就想到鴨川走走，只要騎五分鐘腳踏車就到了。從川端通出來，眼前便是一大片水藍和草綠交織成的風景。山巒的輪廓、河中沙洲茂盛的濃綠、淙淙的流水聲，河

水的顏色隨著季節不斷地變換。白鷺鷥展開巨大的翅膀翩然飛舞，不同種類的野鴨水鳥在水面上悠閒地划水。腳下是一大片踩下去酥酥癢癢的幸運草。算準了不會有人來這裡的時候，躺在草地上伸展四肢成大字形，仰望著天空的雲朵深呼吸。「啊，好幸福啊！」

在我的生活中，鴨川是一個讓我切換開關的重要地方。這個時候，我深刻地感受到京都有鴨川這麼一個地方，是多值得感謝的一件事。離家最近的一個鴨川的景點，就在出町柳附近。被大家稱為「三角洲」的這塊沙洲，到了週末會有學生來這裡烤肉，有時候還會有現場表演。薩克斯風、小提琴，甚至是咚咚咚練習太鼓的聲音，各式各樣的樂音隨風飄來。慢跑的人、看書的人、吃便當的人、睡午覺的人，大家都在享受自己一個人的時光。邊看著路邊的風景，邊沿著河岸騎著腳踏車，實在很舒服。

吹著風過了橋，不一會兒便看見以豆餅（混合了黑豆、紅豌豆製成的鹹味點心）聞名的知名和菓子店「雙葉」的排隊人龍。遠遠瞄了一下人龍，之後就被方形商店街給吸引過去。恰巧七夕快到了，拱形的通道掛滿了色彩鮮豔的裝飾品，五彩繽紛充滿活力。這裡是周圍鄰居都喜愛的庶民商店街。想吃好吃的鯖魚壽司或可樂餅就要來這裡，有時到鴨川散步，回家途中會過來買點東西。鮮魚店、蔬果店、乾貨店、傳統的日用品店，一間連著一間。到了傍晚的時候，「很好吃喔！很便宜喔！」的叫賣聲此起彼落。這是一條生氣勃勃、人潮擁擠的商店街，而「白谷紙店」就矗立在其中。

紙店外堆滿了素描本和筆記本等特價品，感覺很熱鬧、很有商店街的風格。不過，踏入店內便會發現販賣的品項既深且廣，讓人無法全身而退。放在最外面的是兒童文具，筆類、筆盒和筆記本，懷舊和新奇的商品通通混在一起，十分有趣。商店最裡面則是一層層疊得高高的抽屜，裡面擺放買賣生意使用的文書、傳票等物品。至於說到什麼地方有商店街的感覺，大概就是圓形的玻璃展示架上靜靜陳列著專業製圖用具的樣子吧！

「裡頭有些什麼我也不是很清楚，所以請自己慢慢看喔！」聽到這句話，就曉得老闆娘察覺到我其實是想自己一個人慢慢看，不用人介紹，真是貼心哪！大部分的客人到文具店都是想找某些特定的東西，尤其在商店街更是這樣。這種「會發現什麼東西呢？」沒有特定想法的客人，算是相當罕見。不過，每個月多少還是會有幾個像我這樣沒有目標跑來文具店挖寶的人。

「三、四十歲的男性比較多吧！有些人只看鋼筆，有些人光橡皮擦就買了不知道幾個，總之是固定一樣東西。妳什麼都可以嗎？」

被這麼一問，要說只要是文具都行嘛，又不是什麼都可以，老實說很難講清楚。我想，我的身體裡一定有某種像是文具天線的東西，不管是受天線吸引的東西，還是我所認定是文具的範圍，大概別人都沒辦法明瞭吧。今天我也一邊這麼想著，一邊往櫃子底下或是裡面張望。在某個角落，有一包鮮橘色的東西撩動了我的心弦。

「這是拿來做什麼的呢？」我心裡想著。

「那個，是修正打錯字的東西喔！」老闆娘這麼告訴我。

然後我還找到了不像平常貼紙那樣，而是像郵票一樣要沾水才能用的標籤。還有小學時常拿來做成蚱蜢、令人懷念的迴紋針，到底放在這裡幾年了呢？回過神來，整隻手都變得黑漆漆。如同往常般，我一點都不在乎地往收銀台走去。

「妳的手都髒掉了，不好意思哪！」老闆

娘在袋子裡幫我放了包面紙。雖然很感謝她這麼體貼，不過我完全不在意手變黑或是衣服弄髒這種事。擦乾淨，洗乾淨就好了。

和這種小事比起來，這段讓我如此興奮開心的時光更為重要。

在已經擺了蔬菜和熟食的籃子裡，砰地把文具也放進去，然後騎上腳踏車，再次往能看見鴨川的橋的方向騎去。不一會我停下腳踏車，用堤防上的水龍頭嘩啦嘩啦地把手洗乾淨，坐到河岸旁，一邊將熱騰騰的可樂餅塞進嘴裡，一邊翻著書。用剛剛買的 Pelikan 打字機用修正紙當作書籤輕輕夾在書頁中。這一刻，連自己都能感覺到臉上的笑意。今天就在這兒多待一會兒吧！悠閒地仰望著傍晚的天空，慢慢地深呼吸。

彩色迴紋針

圓角標籤

和服標籤

打字機用修正紙

彩色迴紋針

立川製

正式名稱到底是什麼呢？在店裡發現了小學時候很風行的彩色迴紋針。「好懷念喔！」我站在櫃子和櫃子中間狹小的空隙，忍不住叫出聲來。白色、藍色、綠色、橘色，各式各樣的顏色。反折成蚱蜢，就可以拿來按壓彈跳著遊玩。不過打算要動手做的時候，卻還真的記不起蚱蜢的做法。下次問別人看看吧，這是我這個夏天小小的暑假作業。

和服標籤

第一次看到的人八成會想，這個標籤到底是做什麼用的呀？其實這是標示和服價格的標籤。這種和服標籤現在還有生產，是由新潟的工匠一枚一枚手工製成。獨特形狀的長形標籤，紙張十分厚實，細長的一端則捻成繩狀。特價品大概就是使用這種紅色標籤。也可以繫在禮物包裝的緞帶上，或是夾在信紙中當成小便條，收信人應該會忍不住猜想：「這到底是什麼呢？」可以自行思考出各種不同的使用方式，是只有在京都才找得到的有趣文具。

◎在米田進榮堂（下京區／堀川通和五条通交叉口往東走）可以找到種類、紙質、顏色式樣豐富的和服標籤。除了和服布料用的標籤、和服包裝保存用的文庫紙、標籤紙之外，也販售其他店舖用品和事務用品。在青谷也有擺放著一盒盒和服標籤的專區。

圓角標籤

KOKUYO製

這是標籤仍叫作口取紙時候的商品，是像郵票一樣在背面沾水黏貼的類型。除了當成筆記本的索引標籤，也可以在上面蓋章，然後貼住紙袋的開口，別有一番風味。現在販售的標籤已經改成貼紙，不是用盒子裝，而是貼在一張張底紙上。和九十五頁的KOKUYO標籤不同，這組標籤是用塑膠袋包裝，四個角裁成圓弧形。

打字機用修正紙

Pelikan製

德國的畫材廠商Pelikan出品。橘色的包裝中，放了八張印有「Pelikan blanco」字樣的修正紙。背面是白色，用手指一碰，能輕鬆沾上白色塗料。不僅用在打字機的錯誤，只要是在紙上書寫的文字或繪圖，都可以用它來塗改。將白色那面輕輕壓在想修改的文字上即可，被塗改的地方不會留下任何痕跡。

位於商店街的文具店

像空氣一樣的文具

松本文光堂
（上京區／大宮通和寺之內通交叉口往北走）

即便是褪了色又斑斑駁駁的，誰都不屑一顧的東西，一定也有人當成寶貝。

小時候，我會把顏色或花樣漂亮的糖果包裝紙小心翼翼、深怕弄皺地輕輕展開，一張張放在桌上疊起來。發出沙沙聲響的透光小紙片，映著房間的燈光，看起來更加美麗。我想把這些糖果紙收藏起來，於是到二樓去拿我存放寶貝的餅乾盒。回來一看，糖果紙不見了，都被丟到垃圾桶裡了。「為什麼要丟掉？」我大哭了起來。

哥哥和我都很喜歡民謠，零用錢幾乎都花在買唱片上。我們會一邊聽音樂，一邊看著唱片封面或是上面有照片的歌詞本，然後嘻嘻地笑著。

後來錄音帶出現，據說唱針要停止販賣的時候，有一天，櫃子裡原本滿滿的哥哥和我的唱片，就突然全部不見了。

「咦咦咦？」我們哭號著大發脾氣，事情變得無法收拾。

全都是父親搞的。對我來說很重要的寶貝，對父親來說只不過是垃圾。全家就屬父親最愛乾淨，每到了十二月，父親都會在廣告單的背面寫下家人的名字，做成大掃除計畫表。父親、母親、哥哥和我，什麼時候該掃哪裡，都清楚地條列出來。計畫表規劃得非常仔細，書桌抽屜、窗框木條、電燈罩子，通通都羅列進去。我們一邊哭一邊寫，要是沒有按照計畫上的規定打掃，父親便會毫不留情嚴厲質問。

有時候書桌抽屜還沒來得及整理，從學校回來便會看到房間地上鋪著報紙，抽屜裡的東西全被倒出來堆成一座小山。

「去那裡坐好，把垃圾丟掉！」

「才不是垃圾！全都是我的寶貝！用短了的鉛筆後面加個筆套就還可以用啊，而且短短的才可愛。像那個花的剪紙也可以貼在信紙上裝飾……」

我小聲地囁嚅著，眼淚不停地掉。十幾年來，不知道為了這種事吵過多少次。而在我過了三十歲之後，這樣的父親也終於了解我會當成寶貝的有哪些東西。

會和我一起整理紙品，鉛筆也會用橡皮筋捆成一束留下來。「我找到了這些東西喔！」然後拿了舊紙盒或包裝紙給我。

「要用材質來分類，還是用別的方式分類比較好呢？」還會給我一些建議。至於我，也終於不再害怕自己的東西被丟掉了。

話說回來，在這些寶貝當中，也有一直放在那兒，但我從來沒有注意到的東西。我自己完全沒意識到有這樣東西，就只是一直擺在那沒丟掉而已。

有著各式各樣的商店卻出奇寧靜的大宮商店街，南端從今出川通開始，到北邊的北大路通為止。人潮沒那麼擁擠，步調也很悠閒，古老的商家房舍一間間比鄰而居，還留有濃厚的舊時氣氛。傳統喉糖店、使用天然酵母的麵包店「小洞洞」、公共浴池、傳統的蔬果店，還有好幾家文具店都聚集在這條街上。其中，就有這麼一家佇立在角落的文具店。

「松本文光堂」，是在走過去之後才會注意到的文具店。門口掛著簾子，到底有沒有在營業其實很難看得出來，所以我一直以為沒有開。這時剛好看到像是店裡的人在進進出出，於是鼓起勇氣打了聲招呼。

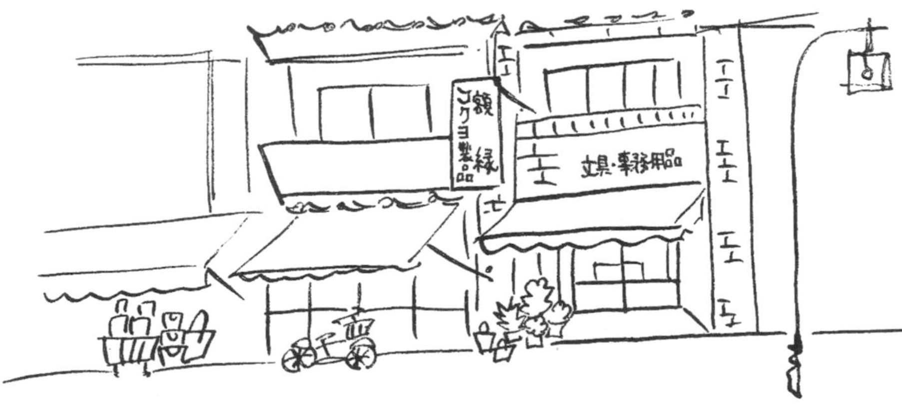

「對不起，請問可以進去看看嗎？」

「啊，請進請進，請隨便看看。」

馬上就受邀進入。一踏進店裡，入眼所及的物品都閃耀著墨色光彩。我有十足的信心，「這裡一定有我想要找的東西。」而且相信會有非常珍貴的古老用品。就這樣，我闖入了心愛的盒裝文具奇境中，興奮地在展示櫃的世界夢遊。被太陽曬黃了的鉛筆盒、閃閃發光的玻璃鋼筆、很像外國貨的迴紋針圓盒，不管哪一樣都是我第一次看到的古老文具。看到我眼睛發亮沉醉不已的樣子，老闆娘整個呆住了。「這是好東西喔？我都不知道耶。咦？那也是好東西嗎？這樣喔？妳真會找耶。」

「這些東西，只有在古董市場才找得到喔！您這兒的寶物還真多哪！」

「是喔？別家應該也有吧，我都不知道耶！」

「這裡以前有很多小孩會來，有時候店會開到很晚，那時可熱鬧了。傍晚時搬條長板凳坐在外面很涼快喔。阿嬤開店的時候，家裡也都很不一樣啊！」

這裡還保持著過世的老奶奶打理時候的樣子，關店後屋子裡就暗了下來，開了門似乎隨時都會有人進來。

「我都沒注意到店裡有這麼多好東西。」沒關係沒關係，這樣才好，我心裡偷偷這麼說著。如果真的發現了，就會覺得這麼舊已經不能用了，搞不好會拿去丟掉。還好被放到現在，真是太幸運了。像空氣一樣存在、卻差點被人完全忽略的寶物，可能就是這樣屏著呼吸，靜靜地蟄伏在此。

玻璃鋼筆

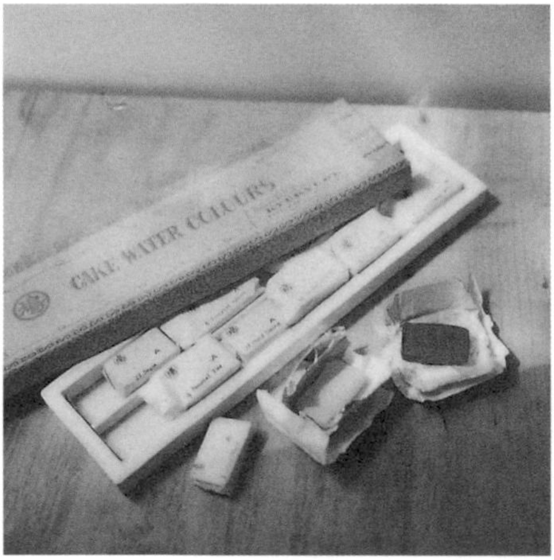

固態水彩餅

極粗紅色鉛筆

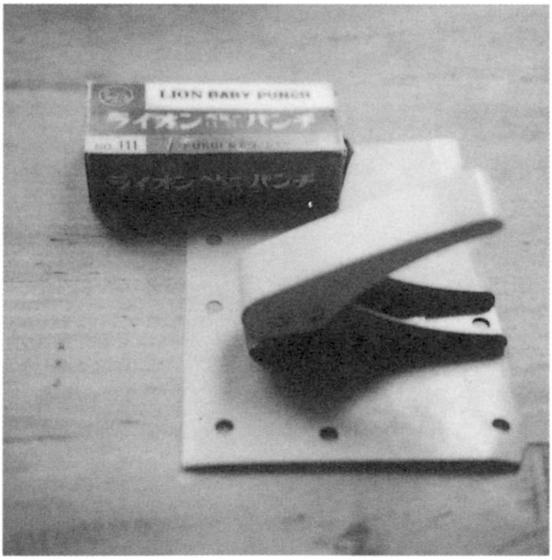

紙製小圓盒裝
開尾書釘

迷你打洞器

玻璃鋼筆

小島製作所製

裝在和槳狀筒一樣的鱷魚皮紋盒子裡，側面印著「小島製筆 簿記細字用 使用時墨水壺內一定要放入脫脂棉」。玻璃的筆尖用棉花保護著，筆尖的尺寸有細字和極細字兩種，筆尖和筆桿可以分開，所以同一支筆桿可以替換不同尺寸的筆尖使用。而說到玻璃筆尖的美麗，筆尖裝入筆桿的圓形玻璃筆檔部分，必須要用手工細心雕塑，閃耀著超越時空的動人生命力。輕輕插入墨水瓶中，靜靜等待墨水吸附到筆尖上，沾一次墨水就可以寫不少字。放在桌上閃閃發光的玻璃筆，實在美麗無比，我自己就擁有好幾支外國製的這種筆，只是外國製的我怎麼都寫不順手。不過，小島玻璃筆就不一樣，手感很好，在紙上也不會卡卡的，可以很滑順地書寫。筆桿是竹製材質，中空部分讓人忍不住拿起來對著天空看，從小小的空洞望出去，可以看到細碎的閃光，轉動筆身，就像是萬花筒一樣。

極粗紅色鉛筆

三菱鉛筆製

筆如其名，「GIANT COLOUR PENCILS」是比一般尺寸還要粗上一號的紅色鉛筆。看到這個紅色紙盒的第一個念頭，忍不住慶幸：「還好沒有被處理掉。」深紅色的外盒裡外都貼了紅、深藍、金三色印刷的包裝，設計很有歐洲風格，讓紙盒的存在感大增。盒底鋪著薄蠟紙，三支極粗紅色鉛筆的表面閃爍著亮麗光澤。

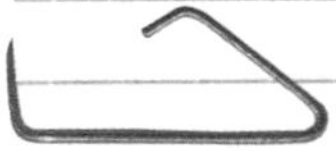

固狀水彩餅

鳩居堂製

「這是什麼呀？」我和松本老闆娘兩個人頭靠著頭，戰戰兢兢地開啟盒蓋。小心地把一張張被太陽曬黃的白色包裝紙拆開，裡面是用銀色紙包住的四方形固狀水彩餅。我們不禁歡呼起來：「居然還留著哪，這是什麼時期的東西呀？」看起來很像巧克力或糖果，很好吃的樣子……。外盒上印著「CAKE」字樣，所謂的CAKE有壓縮凝固的意思。裡面有十一色的固狀水彩塊。gamboge＝黃色，burnt sienna＝紅褐色等等。呈現出來的感覺不太像日本的顏色，比較像亞洲的顏色。這是我第一次聽到的顏色名稱，對我來說是一種未知的顏色。

迷你打洞器

福井商事製

（現為LION事務器）

商店常常會用到，在外包裝打一個洞穿繩子吊起來。不過，通常看到的會是銀色很結實的款式。但這支墨綠搭上灰白的雙色打洞器感覺也不錯，恰好能一手掌握的尺寸用起來很順手。

紙製小圓盒裝開尾書釘

咖啡色的紙製小圓盒，是可以一手掌握的尺寸。外盒設計連一個日文字都沒有。開尾書釘的圖案和書寫體的數字頗有趣味。上蓋的標籤貼歪了，露出紅色的底色，這究竟是沒貼好還是故意的設計，讓我想了好久。

專欄❷ 他人贈送的文具

知道我喜歡文具，有些人就會將他們找到的稀奇文具送給我。

這些數量稀少的老文具，光靠我一個人很難蒐集完全，所以對別人的餽贈，我心中充滿感激。如果就這樣將文具收藏起來，未免太過可惜，所以我都會拿出來小心地好好使用。在我越用越順手的情況下，這些原本陷入沉睡的文具甦醒過來，再度充滿了生命力。

文化輕便書釘

這大概是釘書機或迴紋針還沒問世的時代使用的東西吧！只有一端有著柔軟的固定針，用手指輕壓，將書釘對摺，就可以裝訂文件。信紙如果在角落用這種書釘裝訂，感覺很不錯吧。這一盒TAMPOPO文化輕便書釘，是很會送禮和寫信的客人送給我的禮物。現在應該找不到能夠告訴我使用方法的文具店了，這也是舊式文具的宿命，但說不定哪一天還會在某一處相遇吧！

庶民工藝風鉛筆（北星鉛筆製）

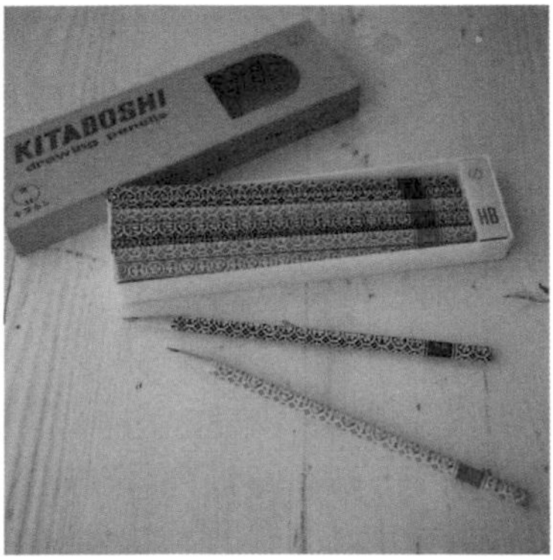

總覺得這些庶民工藝風圖案，看起來有懷舊的氣氛，也有東歐花樣的感覺。光是拿在手裡，心中就忍不住一陣激動。這些優美的鉛筆，是由工廠位在東京荒川區的北星鉛筆製造的。這是我的一位設計師好友在經過會津若松自己以前上的小學旁邊的文具店挖到的寶貝。

索引標籤（KOKUYO製）

這是像郵票一樣需要沾水才能黏貼的標籤紙，角和雙線邊框的設計，甚至紙質都很有味道。即使不當作索引標籤使用，只要貼在信紙、信封或袋子上面，就有股難以形容的氛圍。這也是客人送我的禮物。

隨身攜帶迷你墨水（Pilot製）

參加需要繪圖的活動或繪圖教室的教學時，如果有這種墨水就相當方便。塑膠製的，不必擔心會像玻璃瓶般容易破裂，可以安心地放在隨身包包裡帶著走。如果墨水用完了，只要再補充就能繼續使用。這是昭和三十五年（一九六〇年）時的產品，是我在某個機緣中找到的好東西。

散發昭和時代氣味的文具店

與西陣一同走過歷史的文具

青谷
（上京區／千本通和今出川通交叉口）

咚咚咚、咚——，咚咚咚、咚——。這是在我模糊的記憶深處靜靜交織的聲音。閉上眼睛，彷彿可以看見紅色、金色，說不出是白色還灰色，顏色各異的線卷排列在那兒，數也數不清。小時候的記憶真的非常神奇，只要聽到一個聲音，便會浮現刻劃在記憶中的顏色，甚至是氣味。

西陣織的街道。從大馬路彎進小巷子，便可看到一整排古老的「機屋」（西陣織工匠的家）。

我的父親在距離這裡走路五分鐘的地方開了一家西陣織領帶公司。雖然是除了父親之外，就只雇用一名職員的小小公司，但是從和設計師合作，設計、配色和選料，委託工匠進行紡織，到批發通路，通通都是自己一手包辦。我還在唸小學的時候便常常到公司玩，黏在父親身邊一起去「機屋」，遠遠在門口專注地看著裡面工匠雙手雙腳的動作。他們的速度之快，在我眼中就像是魔法師一樣。

那家「機屋」到底在哪裡呢？有時候我會在以前父親公司所在的五辻通附近晃來晃去想找找看，不過記憶實在太模糊了，怎麼也想不起來。只能猜是這兒嗎？說不定是那兒呢？偷偷地在別人家門口窺探，然而以前隨處都還聽得到的織布機聲音，現在也很難聽見了。

千本通和今出川通路口。以西陣織聞名的西陣市區，到底是從哪裡到哪裡，實在也說不清。基本上，大概就是以千本今出川路口為中心畫出的圓形範圍吧！

據說是從昭和初期（一九二六年起）開始便矗立在這的鐘樓旁一棟四層樓建築，去完天神市集回家的路上，一定會經過這裡，所以我對這家文具店多少有點好奇。不過從文具店的類型來看，似乎是以事務用品為主的大型商店，我想應該不會有什麼古老的文具，所以每次都只是經過而沒有進去。但是在這次拜訪文具店的過程中，發現總是在出人意料的地方找到出人意料的東西。既然還是有點好奇，那去看看也好。想要尋得寶物，自己先入為主地驟下定論可是大忌。

「好！」於是有一天，我乘興走進店裡。天花板很高，燈光有點幽暗。不知是否因為這樣，

感覺很像是昭和三十年代（一九五五年代）黑白電影（彷彿Crazy Cats的成員植木等會出現）的場景。

整齊地打著領帶的男性店員站在收銀櫃台後，散發出一種公司行號的氣氛。整齊陳列著鋼筆的玻璃展示架呈圓形排放，筆類文具的架子、帳簿類商品的巨大櫃子，像迷宮般將我吸了進去，我就這樣抱著興奮的心情跨出每一步。新式文具品項齊全，陳列方式易於選購，但若逐項細看，更可以在其中找尋到讓人懷念的物品。

「這一定要一樣一樣慢慢欣賞啊！」光看就不得了的數量和種類，讓我忍不住嚥了嚥口水。製圖用品、商用計算機等業務用的舊型辦公用品、價目標籤等店舖用品。昭和四十年代（一九六五年代）流行繪有美麗圖案的桌墊、筆盒、筆記本。連已經絕版的商品也裝在透明塑膠袋裡，和新式用品放在一起販賣。

在這裡，新舊文具通通混雜在一塊。雖然看起來像是定格在昭和年代，但其實時間還是繼續在往前走，一代一代不同的客人也為店內注入生氣。而店裡仍到處散發出古老迷人的昭和香氣。

畫材和書法繪畫用品的後面，掛了一個「紙張專區請入內」的牌子。入口十分窄小，裡面的空間就像鰻魚的睡床一樣狹長。依循指示走進去找尋紙張專區，發現右邊是辦公室，於是緊張又興奮地左顧右盼著繼續往裡走，終於看到存放紙張的小房間。有別於前面玄關的氣氛，這裡全是老舊的木造陳設，整個房間沿著牆面都是木頭櫃子，擺了各種顏色和樣式的紙張。油壓式的裁紙機靜靜放在斗室一隅，彷彿時間靜止了似地。這間存放紙張的房間只使用自然光源，不知道是不是怕紙張被太陽曬黃了，所以設置在裡面。玻璃窗另一邊的空地設置了一座紅色的小小祠堂，很有異世界的感覺。我彷彿突然闖入一個秘密基地似地，在這兒呆站了好一會兒。

青谷文具店所擁有令人意想不到的深奧秘密，大概就在於悠久的歷史吧。江戶時代末期（一八五八～六三年）開始經營中藥買賣，明治二十四年左右（一八九一年）轉型成紙張文具商，創業至今是第十代。現在的這棟建築據說是在昭和三十六年（一九六一年）落成。傳承文具的力量、販賣發展成熟的文具、重視這份事業的心意。這家文具店擁有和西陣相同的傳統氛圍，撐過了整個昭和年代。

在不斷受到感動的衝擊之下，我買了很有韻味的氣泡墊信封袋、拉鍊塑膠袋組合、質感很好的KOKUYO舊型事務用品、奇形怪狀的迴紋針等物品，才離開這家店。

在買到想要的古本二手書後，有人會在回家路上找間咖啡廳坐下來，欣賞他的戰利品。而我呢，則是到老舖喫茶「靜香」，點了咖啡和雞蛋三明治，在等餐的同時悄悄取出我買的老式文具，偷笑得很開心。這裡是西陣還很繁華的年代，地方上的老爺和花街或上七軒的藝妓密會的場所。懷舊裝潢的店裡，深綠色座椅的擺設就和電車的包廂一樣，保持著特定但又不刻意的距離。

今天，「靜香」有名的老闆娘婆婆會不會又一邊抱歉地說：「又做壞了。」一邊端上雞蛋三明治呢？（這實在太可愛了，所以我每次都很期待老闆娘會這麼說。）逛完文具順路喝個茶的這個瞬間，我等於是自己做了趟回到昭和年代的時光旅行。

描圖紙
兩種方格紙

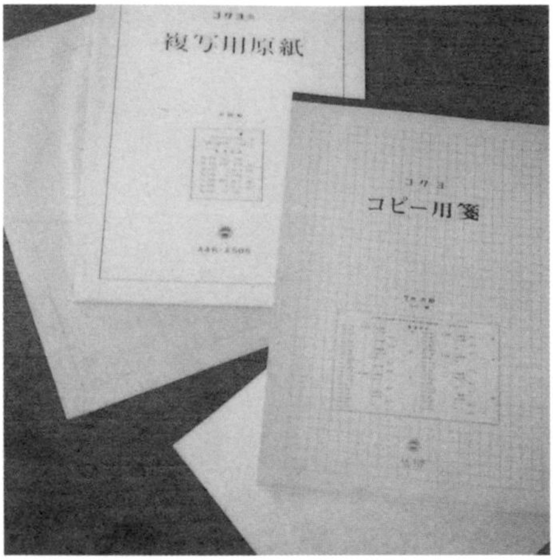

複寫用箋
複寫用蠟紙

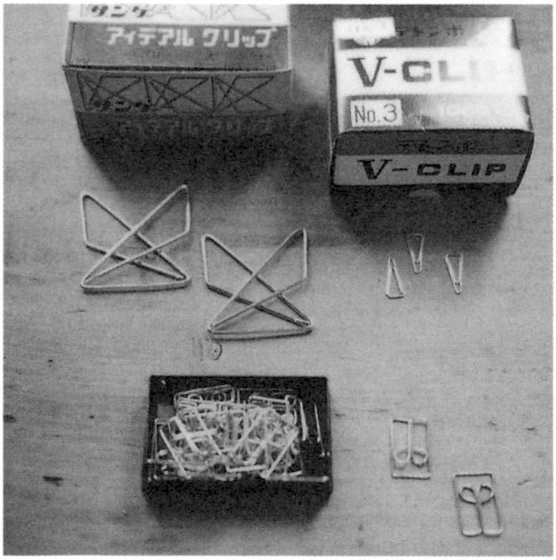

V形迴紋針
Ideal 迴紋針
貓頭鷹迴紋針

氣泡墊信封袋

複寫用箋 複寫用蠟紙

KOKUYO 製

這是七公釐方格複寫紙和方格線的複寫用蠟紙。在蠟紙封面內頁上寫著：「這種蠟紙最適合作為使用感光紙的影印機之原稿用紙」，並有如何保留整齊空邊（空白）複寫形式的說明內容。這本應該是 KOKUYO 最古老的複寫用蠟紙。紙質十分輕薄，而且看到蠟紙上印的藍色虛線，不禁讓人想好好在上面書寫一番。

描圖紙

Sekirei 紙製品製造本舖製（現為 Jitsuta）

描圖紙封面上印有 Sekirei 的小鳥圖案十分可愛，並有壁紙般的浮雕壓印。設計簡單大方，卻令人印象深刻。為什麼這種略帶焦黃的描圖紙，總讓人有美麗而短暫的感嘆呢？描圖紙是覆蓋在原畫上或作為描圖之用、自己每天會頻繁使用的物品。

兩種方格紙

KOKUYO 製

這是茶色系和綠色系線條組合而成的方格紙。雖然註明是「雙對數．單對數座標紙」，但似乎也是工業實驗中使用的代表性座標圖用紙。本子打開後毫無折痕、紙張狀態十分平整而良好，也可作為信封或包裝紙使用。由於用途多樣，增添了文具本身的樂趣。

氣泡墊信封袋

「Jiffy」是指一眨眼、瞬間的意思，氣泡墊信封袋（Jiffy Bag）則是寄送易碎物品時所用的含襯墊信封，也就是在信封內側放入紙製的墊材。這個是約莫可放入卡帶大小的尺寸，紅色記號部分的印記有些模糊，每個字都無法清楚辨識，但這種馬虎隨性的風格，卻和牛皮紙的質感十分吻合。我發現這些氣泡墊信封袋時是以繩子繫成一束的狀態。這些一起擺放、大小相同的信封袋上都印有 PLUS MAILBAG No. 03 的字樣。唯一略顯美中不足的是郵遞區號的記號。由於製造當時日本國內仍只有五位數的郵遞區號（目前為七位數），因此把它當成棘手物品處理掉的情況可能也不少。不過單就這個原因而丟棄，未免有點可惜。畢竟應該也有貼上標籤再填寫郵遞區號的替代方法呀！

V形迴紋針

Mitsuya 製

Tetonbo 的 V 形迴紋針可能是繼 Gem Clip 的橢圓形迴紋針後，大家最常用的迴紋針。採用簡潔尖銳的形狀、柔和的金色搭配小巧的尺寸設計，使用上非常方便。

Ideal 迴紋針

北村好司製作所製

紅白底色的盒子含有二十五根各約四公分長、閃閃發光的銀色大迴紋針。與本書七十六頁的迴紋針盒相較，兩者的年代差別自是一目瞭然，形狀方面也多少有些變化。

貓頭鷹迴紋針

Mitsuya 製

左右兩邊如嫩芽般的圓形看起來是不是很像貓頭鷹的眼睛呢？我有時也會發現外國製的迴紋針，但這種貓頭鷹迴紋針卻很少見。盒子上雖然標示每盒約有三十三根，實際上卻……莫非這是指可收納的數量？

散發著昭和時代氣味的文具店

在文具店想起舊友

笹部文具店
（上京區／下長者町通和油小路通交叉口往西走）

小學的時候，離家不遠就有小小的水田。我常常跑去排水溝邊，看看有沒有青鱂魚或螯蝦在裡面，秋收後在稻穀堆成的小山上，快樂地滾來滾去，每天都把自己搞得烏漆抹黑的。等到插秧的季節，我會帶著水桶和布丁空盒，在田裡拚命地撈蝌蚪，和玩伴韓美比賽看誰撈得多。彷彿要埋進水田裡似地把臉靠近水面，專心致志地屏住呼吸，然後迅速下手。「今天好像會撈到很多喔！」根本忘了時間，只是不停地撈著。

不過快樂的時光總有結束的時候，西邊高聳的愛宕山周圍都被染上橘紅色，突然間心中便湧起寂寞的情緒。「再一下下，再等一下下。」正想拖延回家時間，便會聽到哐啷哐啷鍋碗瓢盆發出的聲音，飯菜的香味也撲鼻而來。

穿著圍裙的母親，啪噠啪噠地踩著拖鞋跑來，怒斥著：「夠了！還要玩到什麼時候！」但我還是繼續耍賴回嘴：「不要啦，再讓我們玩一下嘛。」

雖然每天都和韓美黏在一起，兩家也離得非常近，根本就是眼睛和鼻子的距離，可是我們依舊十八相送個沒完。這時候，母親便會不耐煩地丟下我先走：「我懶得管妳了啦！」而我們則會一直拖到天完全黑了才死心回家。

「明天再見喔～」手臂揮到都痛起來了，這才提著水桶，一邊注意水面的晃動，不讓蝌蚪潑出來，一邊趕快跑回家。「拜～拜～」沿途還不斷地回頭揮手說再見。

母親沒有直接回家，大概是和鄰居聊天聊過頭了，結果我反而先到家。那個時候不管是誰家的玄關大門都不會有人看著，到了夏天門戶洞開，紗門或門簾被風吹得翻飛。這是現在無法想像的開放空間，鎮上的大家就像兄弟或家人一樣，全都認識。

昭和四十（一九六五）年代，就是這樣的一個時代。

現在我在北白川的家，從二樓窗戶看出去，可以稍微看到一點愛宕山的山頂。夕陽西下，天空染成橘紅色的時候，我會眺望著山巔回憶起小時候。

最近好不容易又找到了能讓我「玩到一點都不想回家」的事情。

從京都府廳所在地的下立賣通走到油小路通往北，便可以看到很有氣氛的小小旅館、好吃的豆腐店，還有古書茶房「言葉之羽音」。再走到下長者町通往西，則可以看到一家文具店，於是我馬上停下腳踏車走了進去。

那天雖然還是四月，但天氣非常炎熱。「好熱啊！這樣下去等夏天真的來了該怎麼辦？我已經八十歲了，實在是受不了。」老闆娘一開口就這麼說。

「就是說啊。欸？您已經八十歲了啊？看不出來耶。」「我先生已經八十二歲囉。」

我們從天氣和年紀開始聊起。

這種沒什麼深意的對話，對平常大多是一個人默默工作的我來說，是讓人感到十分安心的一段時光。

男朋友每天都因為工作的關係很晚才回來，所以我常常回過神來才發現已經一整天都沒和人講過話了。以前還會有人打電話來聯絡工作事宜，現在幾乎都是改用電子郵件來溝通。只要和人講上幾句話就覺得很高興，我想，老婆婆應該也是這麼覺得吧？

木製櫥櫃和很有韻味的小抽屜櫃，散發出誘人的吸引力，陳列著充滿時代感的筆盒、鉛筆和筆記本。

「好多令人懷念的東西啊！」我這麼一說，老闆娘便熱心地問我想找什麼文具，兩個人一起展開了尋寶遊戲。

店裡有著擺放鋼筆的玻璃展示架，而且因為距離市公所很近，文件櫃中的事務用品也非常齊全。櫥櫃深處露出一個很有質感的深藍色紙盒，打開一看，裡面是油墨印刷用、塗了蠟的原稿用紙。

「對了對了，還有這個東西。」老闆娘一邊說著，一邊嘿咻嘿咻地爬到櫃子上，取下了沉睡在櫃子頂端的物品，然後再爬下來。動作非常敏捷，讓我連擔心的時間都沒有。

「阿嬤，妳動作好快喔，嚇了我一跳。」聽到我的話，老闆娘睜著像孩子一樣閃閃發亮的眼睛說：「妳看妳看！這個！妳看看！」在我面前把東西拿了出來。原來是油印板的網子，然後我們又找到了鐵筆和刷墨用的滾輪。「這樣油印的工具就找齊了，哪天能再嘎哩嘎哩地刻板油印的話，不知道有多開心。」兩人同時懷念起油印的時光。

我們興奮地聊了好一會兒油印的油墨味、木造的校舍和教師辦公室等話題。接下來兩個人把抽屜一個個打開，抬出底下的箱子，找到了一大堆連老闆娘都忘記的東西。有的令人懷念，有的新奇有趣。

「原來還有這個喔，以前常常在用呢！」手

裡拿到的是 Pinsel 安全圖釘拔取器。一樣樣出現在眼前、過去用來很理所當然的文具，現在看來卻相當新鮮。

不知不覺中，兩人都忘了時間地沉浸在這場尋寶遊戲裡。而原本陷入長眠的各式文具，正靜靜地躺在陽光照射到的桌面上。這感覺就像小時候數著水桶中的蝌蚪數目一樣。

「撈到幾隻啦？」

「八隻？九隻？不只啦，更多喔！」

老闆娘看到我的手被灰塵弄得烏漆抹黑，於是到裡面的房間拿毛巾給我擦。擦完手，我們倆看到烏漆抹黑的毛巾，忍不住相視大笑起來。

「哇，黑抹抹！黑抹抹呀！」

每次到了文具店裡，我總是會像回到小時候一樣，而今天連老闆娘都和我一起變成小孩子，嬉鬧起來，這真是太讓人開心了。夕陽斜照在陳舊泛黑的鋼筆玻璃展示架上，已經這個時候了……。好想繼續在這裡和老闆娘一邊聊天一邊尋寶。可是，我們都已經不是小孩子了，知道這是不可能的。

紙袋裡裝了滿滿的、還在沉睡的文具，我跨上了腳踏車。

「還要再來喔，反正我都很閒。」

「沒問題，我一定會再來的。」

兩人的笑容中都隱隱藏著一份寂寞。手臂揮到都痛了起來，還是一次又一次地回頭揮手再見。遠方可以模模糊糊地看見帶著橘紅色圓帽的愛宕山。

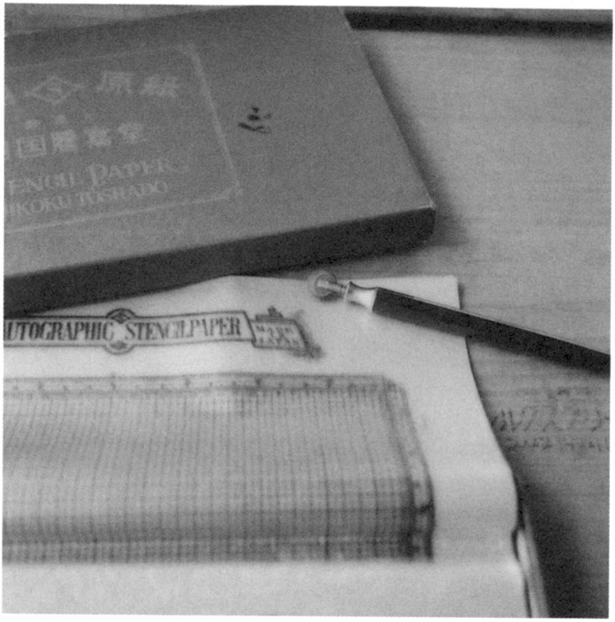

油墨印刷用蠟紙

附袋墨水瓶
好用墨水瓶

影印用箋

Candy 鋼筆

Celluloid 筆軸
筆尖收納小盒

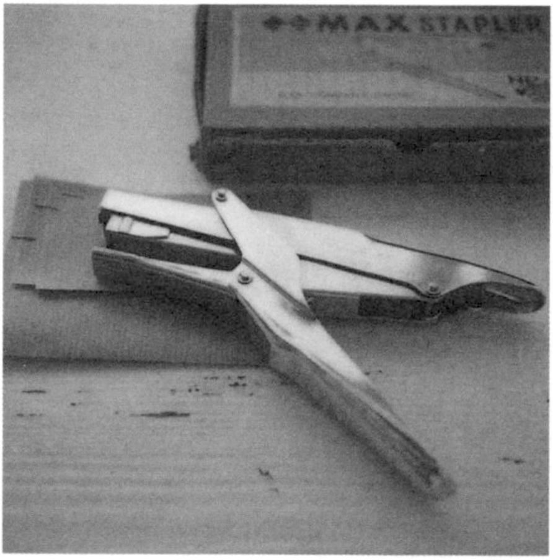

鉗型釘書機

安全圖釘拔取器

舊漢字數字的橡皮圖章

獅牌罐裝雞眼釦

雲形三角尺

油墨印刷用蠟紙

四國謄寫堂製

這是用來書寫油墨印刷用原稿的蠟紙。在深藍色的紙箱上標示著：「最高級的手工紙加工」。古典的英文字體和信頭般的蠟紙上方的裝飾線條，讓人聯想起歐洲的古書。觸感如同上了一層薄蠟，有點黏性、清脆，這種無法形容的感覺，加上自己喜歡透著淡褐色的蠟紙部分，所以不時也拿來製成裝飾花等作品。以前的小學教職員室裡，常常散發著油印墨水的味道，蠟紙上印著老師們用鐵筆所寫的油墨字跡，再以滾輪印刷完成。現在想起來，寫有工整字跡的粗紙所印成的印刷品，含有暖烘烘和手工作品的感覺。而明明手寫印刷品的存在這點確實無庸置疑，卻不知從什麼時候開始，突然變成了文字處理機，接著電腦又取代打字，這些轉變快得令人措手不及。油墨印刷的確是一份相當費工耗時的作業，因為一旦寫錯了，不僅無法立即擦掉，還得用修正液塗改，待修改的地方完全乾涸後再重寫一次。看著昔日夾在紀念冊裡的學校通知單，彷彿透過文字傳達了老師溫暖的關切。在一字一句書寫的時光中，深深烙印著書寫的人的心境思維。現在最令人珍惜的，不就是當時簡樸的生活型態嗎？

影印用箋

筆記本類中，在黑底封面罕見地選用紅色標誌搭配，造型設計大膽而鮮明。B5的尺寸，內頁則是淺藍色的方格描圖紙。和封面相同，在欄外部分印有小巧的皇冠圖案，左側也印有歸檔用的裝訂孔。現在似乎不再使用影印用箋了，不過倒可作為便箋充分利用。

附袋墨水瓶

Sheaffer 製

這種墨水瓶瓶身胖胖的，又略帶圓潤，並以黃底搭配鮮豔的藍色字體。為了用到最後一滴也能充分使用，瓶身內側特別附有沾墨筆用的小袋。美國製（這個瓶子也有陳列在「日本文具資料館」中）。

好用墨水瓶

Montblanc 製

一看到製造國名，馬上就能想到製造的年代，並感受到古老文具的真正魅力。由於製造國寫的是「West Germany」，表示這是一九九〇年兩德統一之前的物品。盒子上是以德文、法文和英文記載。Montblanc（萬寶龍）在鋼筆界中則素有鋼筆之王之稱。墨水瓶的外型很像鞋油盒，瓶底也正如鞋底般，同時為了能充分使用到最後一滴，還特別費心設計。即使只是靜靜地放在桌上，一樣能展現出王者的風範。

Candy 鋼筆

Sailor 製

我在陳列鋼筆的玻璃盒中，發現了小學時第一次擁有的Sailor牌塑膠紅色鋼筆。正當自己熱切緬懷往日時光的時候，店裡的老婆婆突然問我：「妳想要什麼顏色？我會把墨水裝好再給妳。」說著便逕自從蘋果圖案的卡式墨水管盒子中拿出一支棕色的墨水管，放進鋼筆裡。我滿懷心喜地帶著新鋼筆離開，一到家便迫不及待拿出來書寫一番，這時，當年寫信和交換日記的酸甜苦辣回憶，一下子都湧上了心頭，也想起了童年時期的朋友韓美。不知她現在可好？

想到這，才發現最近都沒聯絡呢。我趕緊發了封電子郵件，結果對方回信說：「正想和妳聯絡呢，真巧！」「我發現了好多令人懷念的東西，下次帶給妳看哦！」「真的？一定要給我看！給我看！好期待哦！」忙著照顧孩子的她，沒有時間悠閒地逛文具店，因此我和她約了下次碰面。我想見面時還要順便帶一些逛文具店挖到的幾樣寶物，以及這枝紅色的鋼筆。我想像著她流露出喜悅的表情，不知不覺自己也露出了微笑。

◎Candy鋼筆是昭和五十一年（一九七六年）以小孩和女學生為主客群，當時熱賣一千五百萬枝的人氣商品。筆軸除了紅、白、綠等八種顏色，還有分成透明和圖案的款式。筆冠則有星星和心形兩種，墨水也有十種顏色之多，以這些顏色和筆軸搭配組合的配色遊戲還曾風風靡一時。天藍色、紫色、粉紅色等，原來竟有這麼多色彩鮮豔的墨水。現在流行的似乎是Pelikan（百利金）針對青少年推出的Pelikano鋼筆，不過Candy鋼筆算是容易使用的鋼筆，是希望擁有一枝復刻版的鋼筆類型。

Celluloid 筆軸

共榮塑膠製

這是常見的Celluloid的宇宙色彩系列。筆軸有紅白、藍白條紋、綠底搭藍、橘底搭白的大理石圖案，簡直和在法國看見的筆軸一樣漂亮。筆軸前端為扁平設計，也可作為拆信刀使用。最近Celluloid製的鋼筆或原子筆似乎又開始流行了，真令人開心。

筆尖收納小盒

LION 事務器製

LION筆尖的盒子很小，是塑膠製，共有紅、白、藍、黃等顏色。盒內放有鋁製的D筆尖（匙筆尖）。擁有可收納大量筆尖的盒子固然很開心，像這樣小巧別致的存放設計，令人忍不住想把各種顏色的筆尖都收齊。筆尖是工作時的重要幫手，無論擁有多少，總會在需要時各自派上用場……，所以我就以這種藉口繼續不斷地收集著。

安全圖釘拔取器

教室的必備物品。它的特色是在綠色半透明的部分可以看到被拔掉的圖釘。後來，隨著白色或透明、彩色的圓形、塑膠美式圖釘陸續推出，安全圖釘拔取器也漸漸消失了，可能就因而不復存在。我望著這個功成身退的安全圖釘拔取器，想著是否還有其他用途？想了一會，著實令人懊惱。

◎盒子的側面記寫著：「無論是釘入多深的圖釘，都可以輕鬆拔出。」盒內還附有充滿懷舊氛圍的附圖使用說明書。說明書上並以斗大的字體強調：「圖釘已非危險的消耗品。」安全圖釘拔取器是強度良好的金屬和造型優美的塑膠製成的圓筒形物品，精美小巧，約可收納一百至一百五十個圖釘。

鉗型釘書機

Max 製

這是中型的鉗型釘書機。裝釘書針的方法稱為滑動式安裝，比較接近目前裝訂用的HP-10剪刀型釘書機。我剛開始連怎麼裝釘書針都不會，幸好後來在「木村紙文具店」順利得到答案。這個釘書機原本是裝在一個破破爛爛的紙盒裡，打開後發現竟是形狀極為優美、一九六〇年代頗受歡迎的經典商品小型釘書機Max 10系列（深紅或綠色）。和當前產品相較，感覺有些粗糙笨重，這點最是特別。

舊漢字數字的橡皮圖章

這種圖章拿在手上感覺沉甸甸的。在縱列共有十三個橡皮圖章的滾筒上印有壹、貳、叄、肆、伍……舊式的漢字數字，除了數字以外，還有金、支、預、第等字。在最下面的漢字則有「也」以及其他幾個不會念的漢字。我還是第一次看到原來有這樣的橡皮圖章。印在紙上後，直排書寫的印刷字體顯得格外新鮮有趣。

獅牌罐裝雞眼釦

福井商事製（現為LION事務機）

和四十八頁的虎牌圖案相比，兩種圖釘形狀雖然一樣，不過獅子圖案的光澤較黯淡，相當符合低調不張揚的特性。至於罐子的風格，老虎圖案的臉型較為復古。或許是這個原因，老虎和獅子可謂各有優劣、不分軒輊！這兩個牌子的盒子，舉凡文字配置、位於中間的動物圖案等設計幾乎如出一轍。莫非是因為當時流行的緣故？

雲形三角尺

不經意地將雲形三角尺放在桌上，發現中間挖空的部分，竟是一隻小鳥的圖案，不禁伸手把玩一番。這究竟是故意設計的？還是我自己偶然看出來的呢？越看越覺得充滿了難解的謎團。小鳥圖案的部分可作為畫曲線時的雲形三角尺使用，加上也附有縮尺刻度，還可以用在土地房屋調查或是建築設計上。這把尺因為經過歲月的洗禮而形狀有些彎曲，欣賞起來別有樂趣。

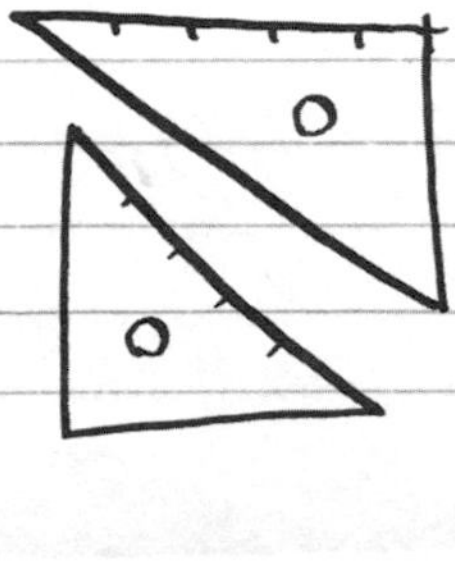

拜訪專門店

刻印著深長思念的文具

A印章店（店名地址保密）

巴黎艾菲爾鐵塔最高層的景色，會讓我因為陶醉而忘記時間。但我實在沒有每天住在高樓層住宅的勇氣。老實說，一直待在高的地方會讓我有點害怕。

很久很久以前，曾經到朋友住的大樓去玩。大概是十幾樓吧，高到不用靠近陽台就可以眺望遠方的風景。藍天的盡頭可以看到閃閃發光的大海，如果每天都可以看到海景，住在這裡也不錯。

但實際上洗衣服怎麼辦？棉被怎麼辦？要怎

麼曬這些東西啊？

當時剛結婚的女性友人就說過，曾經有一次戰戰兢兢地把棉被曬好，沒想到一陣強風吹來，棉被就像樹葉一樣在空中飛舞，趕忙下樓去找，把棉被找回來抱回家，實在是件累人的事。

而且，因為想到要搭電梯下樓出去買東西就覺得好麻煩，還會變得很懶得出門。風景雖然很漂亮，但我根本沒辦法住在高樓裡。

最近，京都市內變得到處是顯眼的高樓大廈，不管走到哪裡，都可以看到高層建築。但是社會上並未興起保護古老傳統商家房舍的浪潮，相反地，很多店鋪老闆選擇拆屋改建，房屋夷為平地之後，由公寓大樓取而代之。結果，市容變得高高低低、起起伏伏，一點都不美觀。

而留下來的商家房舍連日照都被搶走了，孤伶伶地感覺很可憐。這樣的景觀，從幾年前開始

變成了一大問題，這才進行了對於高度限制、色彩、看板規定等各種面向的建築改革。

隨著高樓大廈的興起，即使在京都市內顯得特別寬廣的馬路，如今也車潮擁擠。有一次我騎著腳踏車去買東西的途中，對面馬路的景象讓我忍不住駐足凝望。一棟八層樓的建築，隔著巷子旁邊是另一棟高樓，而巷子裡面還有一棟興建中的樓房。就在這狹小的縫隙中，我看到了一間孤獨的兩層樓老店。

於是我過了斑馬線走近一看，招牌上畫著印章的圖樣，店裡面堆滿了大大小小、各式各樣的印章。

是一家小小的印章店！居然可以在這樣的環境裡生存下去！我的胸口不禁熱了起來。

我窺探著店內情況，悄悄地開了門，一股煮晚飯燉東西的香味撲鼻而來。看來正是一邊開始準備晚餐，一邊正要準備打烊的時候。還好剛剛決定馬上進來逛逛。陳舊的氣味和飯菜的香味混在一起，感覺好像是來到奶奶家遊玩的心情。

麥芽糖色的架子上，觸目所及都是老舊的印章和文件，堆得像小山一樣高。姓名印章、文書整理用的分類印章、英文字母或平假名、片假名印章、繪有過時圖案的印章盒子，層層疊疊地收納在櫥櫃中。不管是皮帶轉動橡皮印章的盒子也好、玻璃展示盒也好，還有抽屜櫃、五斗櫃，一切的一切看起來都像古董店裡的商品，在這家小小的店裡繼續呼吸著。

我看到了好幾樣想拿在手上仔細欣賞的寶物，那就是四角或圓形鋁盒裝、把手已經有點磨圓了又有點褪色的印章。

「可以讓我看看嗎？」

「好啊，不是什麼特別的東西，喜歡的話盡

量看。」

從間斷的言談當中，我發現我和老闆娘的女兒差不多大，而老闆娘和我的母親同年，老闆娘的兒子也和我哥哥同年，目前在東京工作。因為有許多相似之處，我們就開始閒聊起來，知道放暑假的時候連孫子都會一起回來，家裡就變得很熱鬧。然後也感受到了老闆娘對女兒的思念之情。

「我對她的擔心，好像她都不當一回事啊！」

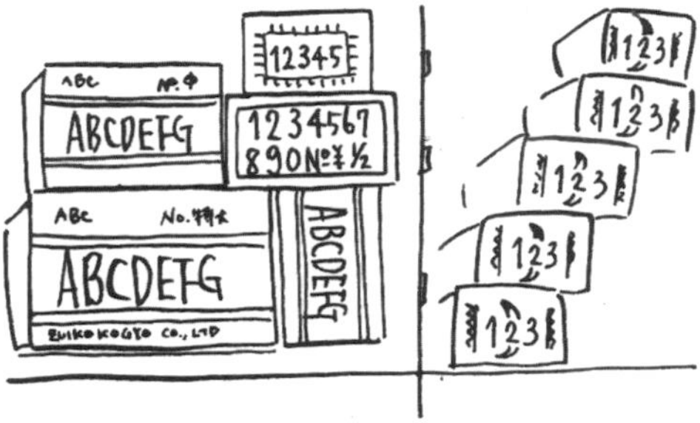

老闆娘的身影和母親的樣貌重疊了起來，很少和母親聯絡的我，只有隱忍著內心的激動。

離開的時候，我張嘴想說：「為什麼在這裡……」然後又閉口把疑問嚥了下去。當初說要蓋大樓的時候一定考慮過很多了。如果是我……將心比心，實在是問不出口。

「我下次會再來的。」

「好啊，要再來喔。」老闆娘說著，望著我離開。

一出了店門，我馬上打手機給母親。想都沒想就這麼做了。雖然主動打了電話，但還是和平常一樣什麼都沒說，只問了母親好不好……知道她過得很好，那就夠了。

在高樓的環繞下一直守護著各式各樣思念的這家小店，傳達出來的心情永遠溫暖著我的內心深處。

片假名橡皮印章

兩種運動圖案的橡皮印章

懷錶造型紅色印泥盒

附盒插口式印章

片假名橡皮印章

這不就是昭和三十年～四十年代（一九五五～六五年）常在學校等單位使用的文具嗎？紙箱的風格也充滿了懷舊，保存狀態良好。片假名橡皮印章並非照著アイウエオ（五十音的順序），而是以イロハニホヘト（伊呂波的順序，和五十音順序一樣，是假名文字排列法之一）工整排列。

兩種運動圖案的橡皮印章

運動圖案的橡皮印章或許是當初（一九六四年）東京主辦奧運時的產物。四角標誌的內容有馬拉松、獨木舟、籃球、騎馬、射擊、柔道、體操、舉重、自行車、擊劍（西洋劍）、箭術、游泳。圓形標誌的內容則以不同的粗線條呈現各種動作，栩栩如生有如親手製造。其中有幾個因為橡皮融化了，已經無法印出清楚的圖案，難免有些遺憾。

附盒插口式印章

在不起眼的外盒上寫著：「ES印／插口式印章／附金盒4號圓」，沒想到盒內竟是閃閃發光的銀色盒子。打開盒子一看，放在木製把手前端的鑷子，可用來插換印有年月日的橡皮印章。盒內的文具作工精細巧妙，著實令人感動。年份方面只收納了記載著昭和五十三年～五十七年（一九七八～八二年）的印章，很像是當時執教鞭的老師的任期。

懷錶造型紅色印泥盒

像懷錶一樣，一打開便看到內容的鋁製小圓盒，光澤度柔和適中，真是無法言喻的巧妙搭配。這種印泥盒至今似乎仍有生產，因為我就在神樂坂的「相馬屋」看到過。一起收納在放有印章的古老法國雪茄木盒裡，真是漂亮極了！老闆見我一個人不知為何感動得無以復加的表情，恐怕會覺得不可思議吧！

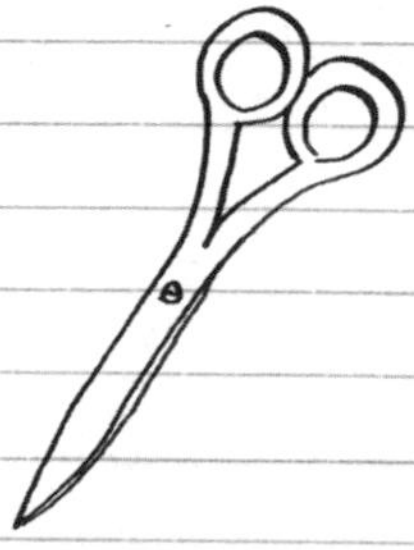

拜訪專門店

有著小小圓窗的日本畫材店

金翠堂

（中京區／六角通和富小路通交叉口往西走）

「明天我想去市區，妳要不要一起去咧？」

母親是博多人，即使住在京都多年，講話還是有博多腔，所以聽起來像是有點奇怪的京都腔。

在我還是個小孩時，所謂的市區就是百貨公司所在的繁華街道，等於要去買東西的意思。市區主要是以四条河原町為中心的廣大範圍，到底邊界在哪裡，每個人的定義都不太相同。而我現在居住的北白川，如果以御所為中心的話，算是偏北的位置，離市區有一段距離，也很少看到京都傳統的商家房舍。

小時候我住在右京區的嵯峨野町，雖然是住宅區，但只要稍微走一下，便可看見廣闊的田野。常常去遊玩的廣澤池附近，在愛宕山的環抱下，展現的是一望無際的田園風景。因為孩提時每天只想在這兒玩得全身是泥，覺得去市區有夠麻煩，而且人太多很不舒服，所以非常不喜歡百貨公司。就算媽媽約我去，結果大概也都是留下來看家，趴在地上畫圖玩耍。等到長大一點，也只是偶爾到新京極商店街買買衣服，市區的其他地方幾乎完全搞不清楚。再之後我便離開京都，搬到東京去了。

十七年後，我又回到了京都。在市區閒逛

後才發覺，其實這裡有很多新奇的事物，即使只是散步也是充滿樂趣。像有著格子窗的京都傳統商家，我就不知道發現多少棟了。平日隨便轉進任何一條大街，便可以看到從很久以前開始就靜悄悄矗立在那兒的豆腐店、和菓子店、線香店、和紙店等，彷彿時光完全靜止了一般。

在這一片傳統房舍中，有時候我會被偶然出現的洋房式建築吸引目光。三角形屋頂上轉著風信雞、牆壁爬滿蔦羅的洋房，是已經成為國家指定文化財產的「革島外科醫院」。另外，還有現在已經廢校的「生祥小學」，有著三連拱門的紅磚房「三条大馬士革」，以及舊大阪每日新聞社京都分局的「Art Complex 1928」等等。

我不只對像商家那樣的純日式建築有興趣，也非常喜歡明治到昭和初期那些某部分採用了西方要素的建築和洋房。小學的時候一直都很想住住看那種有著法式窗戶、牆壁爬滿蔦羅的西式房屋。

當時因為很喜歡田渕由美子的漫畫《法式窗戶的來信》（是住在一棟有著法式窗戶的磚造洋房中，三名女孩純真的戀愛故事），受到影響而模仿畫了許多的洋房圖畫。很令我高興的是，小時候的好友似乎到現在都還好好地保存著這些畫。

不管是出去旅行還是待在京都，到處探訪各式建築都是一件樂事。窗戶的形狀、大門的作工、玄關的燈具等等，只要是有歐洲建築風味的東西都很可愛。我常常因為盯著建築物看而跌倒，也不知道因此撞到人多少次，走路的

時候變成「對不起」不離口。要是和人同行，更常常被同伴拋下，自己一個人呆呆地站在路邊凝望。

會找到現在的住所，也是因為這個房子就在瓦歷斯建築（美國傳教士兼建築師 William Merrell Vories 設計的建築）代表之一的駒井宅邸和古老洋房式的銀月公寓旁邊。沿著疏水道往返散步的途中，在不知第幾次前往駒井宅邸的時候，就看見了這棟空著的房子（偶爾也還是會有好事發生）。

我喜歡的建築共同的特徵就是，有著木造、磚造或石造的圓窗。我一直深深受到圓窗房子的吸引。只要在路上看到圓形的窗子，就會馬上停下腳步，將映入眼簾的風景拍起來。我會開心地研究這個窗子，窗櫺圓不圓呢？是木造還是磚造呢？玻璃是怎麼樣的呢？開窗的方法是上下開還是左右開呢？

有一天，我和平常一樣悠閒地在市區散步，偶然抬頭看了看一棟日式建築的二樓，發現某個角落開了一個圓窗。哇，這裡居然有圓窗耶！這真是讓人驚喜。

散發出京都風味的「金翠堂」，是專門販賣日本畫材的美術材料行。掛著很有味道的大型木製招牌、圓圓的大燈、雅緻的窗櫺，這棟日式建築到處充滿了豐富的西式元素。明治二十三年左右（約一八九〇年），承接了烏丸三条的「御藏堂」鐘錶行所有的建材，在這裡建造了這棟房子。高聳的粗大梁柱，山形牆下作工精細的窗戶，側面像倉庫一樣開了窗，住宅部分的狹窄階梯，是直接使用自然彎曲的樹幹當成扶手。

受到二樓圓窗的吸引，讓我更想好好了解「金翠堂」。上一代的老闆是製筆專家，他製作的毛筆是進貢給天皇家族使用的。也曾經參加明治二十八年（一八九五年）的京都大博覽會，當時得獎的毛筆現在還陳列在櫥窗裡。

現在的老闆是第三代，從一開始創店的時候就一直在這裡經營著日本畫材的生意。櫃子裡陳列著各式各樣粗細、材質的毛筆，還有和

紙和短冊（用來寫和歌或俳句的長形便條紙），便箋和信封、沾水筆和麥克筆，好多好多的玻璃瓶裡裝著五彩繽紛的顏料。旁邊靜靜地並排著褪色的文具、色鉛筆和筆記本等商品。

附近的生祥小學還在的時候，學校似乎曾拜託店家順便賣些文具。我從來沒有使用過日本畫材作畫，只知道顏料大概是用動物膠（動物性的液體）混合水之後使用。看到玻璃瓶中的萌蔥色（淺綠色）或鶯色（綠褐色）等日本獨特色彩的粉末，就有股莫名的衝動想要拿來畫。到處充滿了油畫或水彩沒有的自然色彩，淡雅的顏色緩緩滲入心裡。使用了很久的顏料用秤現在還很靈光，旁邊擺了兩支和藝術家作品看起來沒兩樣的彎彎的鐵湯匙。賣顏料的時候，就是用這湯匙從玻璃瓶裡舀出顏料，然後放到秤上秤重。

從裡面的房間傳來鋼琴的聲音。是孫子在彈琴嗎？我彷彿被琴聲吸引，偷偷向內望了一眼，看到了一組風味十足的桌椅。那是我嚮往的有著小抽屜和書架的古式書桌。上面擺著手動削鉛筆機、生鏽的打洞器、桌上型時鐘，還有許多使用了很久的文具。「好漂亮的書桌喔！」我這麼說。「沒有啦沒有啦，這從以前就在用了。」老闆雖然謙虛地回答，但還是露出了非常開心的表情。

「我還有以前用的天秤喔。」老闆瞇著眼睛看了看擺在上面層架的一個箱子。我拜託老闆借我看看後，他很

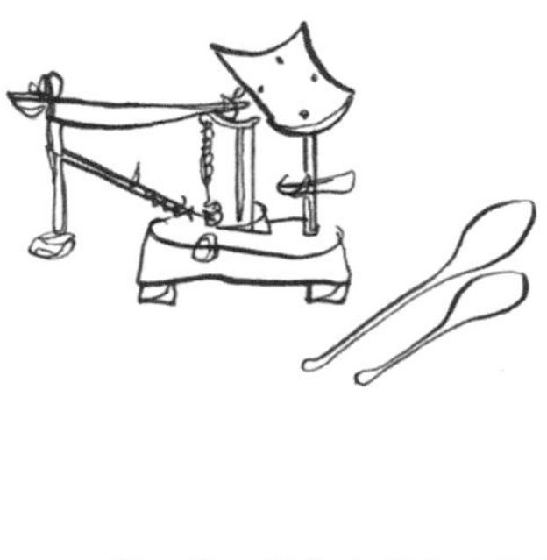

爽快地從架子上拿了下來。

那是從明治時代就開始使用的天秤。

「是拿來秤什麼的，我出生以來就沒看過，所以完全不知道。」

「說得也是。」這麼簡潔的回答讓人忍不住露出笑容。

「這棟房子已經成為京都市歷史設計建築，所以不能隨便改建，不過有發補助。」雖然這麼說，但老闆對於這棟房子絕對比任何人都要寶貝，從他柔和的表情就可以實際體會得到。然後，老闆用他皺巴巴的雙手圍了一個圓，繼續說著。

「革島醫生（革島外科醫院）那兒，還有那邊那個小學（生祥小學），都有圓窗對吧？我們家樓上也有。」

「啊！圓窗！圓窗！圓窗很可愛對吧？很棒呢。」

我被老闆的話嚇了一跳，雖然盡力控制住了，但還是忍不住跳了大概二十公分，不斷地跟老闆握手，甚至想要緊緊擁抱他。我的心中就是充滿這樣的感動。

回家的時候，我抬頭看著老爺爺家那扇隱密的小小圓窗。窗戶閃閃發光的樣子，彷彿是在對著我微笑。

VCorn 水性原子筆
圓形筆尖

Gangy 去墨劑

Gangy 去墨劑
丸十化成製

這是以修正液Misunon聞名的公司製造的去墨劑。去墨劑是先在欲修改部位塗上一滴（紅色）液體後，再塗兩滴（透明）液體等它乾。我在原稿用紙上以Pelikano的墨水書寫，並試著以去墨劑修改，事實上發現，修改部位雖然可以徹底塗改，但要等字跡慢慢變乾，卻得花上很多時間。這可能是昭和三十年～四十年代（一九五五～六五年代）的包裝。目前市面上也有一些改變盒身字體的產品，不過Gangy的臉型圖案還是一樣有些奇怪。

VCorn 原子筆
Pilot 製

這是直液式的水性原子筆。不就是學校老師打分數時使用的紅筆嗎？頓時想起了小學級任老師的模樣。半透明的筆身對於墨水慢慢減少的情形可以一目瞭然，十分方便，用到最後，寫出來的字跡也不會模糊不清。現在似乎仍持續生產，好像還是第一個獲得直液式水性原子筆環保標誌的商品。

圓形筆尖
日光筆製

這個黑灰色系的筆盒，看起來很酷。究竟原來是什麼顏色呢？我試著用了放在裡面的筆尖，明明練習了好幾次，卻還是無法工整地畫出雙線。想必要練到得心應手的境界，也要有點技術才行。

拜訪專門店

找尋能相伴一生的鋼筆

文明商社

（下京區／七条通和新町通交叉口往西走）

約在昭和四十年代（一九六五年代），說到入學的賀禮，最經典的就是鋼筆和原子筆禮盒了。

哥哥上國中時，記得父母親也的確曾收到親戚送的 Pilot 鋼筆。打開塑膠盒蓋，深藍色的天鵝絨上有兩枝同型的筆整齊地並排放著。我看在眼裡，心中沒有別的念頭，只單純地認為這一定是很高級的東西吧。收到這個禮物，不知道哥哥是不是真的高興呢？我一邊想著，一邊用很故意、很彆扭的語氣和哥哥鬥嘴：「噢，哥你好好喔。」

開學典禮當天，穿著簇新學生服、看起來有點陌生的哥哥，插在胸前口袋裡的鋼筆發出閃閃亮光。對當時還是小學二年級的我來說，這就像是向長大成人更接近一步的勳章。前幾天還一起上學的哥哥，突然好像變得離我很遠，已經變成大人了一樣。

不管是誰一定都曾有想要快快長大的時候。偷偷拿了母親的口紅和胭紅亂畫，被鏡子裡那張搞得像妖怪的臉嚇了一跳（不但被狠狠地唸了一頓，結果第二天還因為過敏，臉頰嘴巴都紅腫起來，現在回想起來都還很想哭）。我生來就是這種自己沒試過便不會罷休的麻煩個性。

有一天，我偷偷地拿了哥哥桌上的鋼筆來亂畫。大概是因為邊寫邊轉筆的關係吧，藍色的墨水就這樣啪躂啪躂地滴在桌上和筆記本上，我嚇得趕快用手去擦，搞得自己的手也沾得滿是墨水，弄得到處都是墨水漬。

「啊啊，完蛋了。」回過神來已經太遲了。結果被當時比爸媽還更像家長的哥哥嚴厲說教，命令我「絕對不可再碰鋼筆！」

對遇到了這種事的我來說，鋼筆實在是一種難用又麻煩的大人的東西。

幾年後，升上小學高年級的我，發現了用零用錢也買得起的 Sailor 塑膠紅色鋼筆（參照一〇七頁），就這樣擁有了自己的第一枝鋼筆。

墨水除了黑色、藍色、紅色這些色以外，還有茶色、綠色等等漂亮的顏色。當時流行選擇自己喜歡的墨水顏色來寫信或寫交換日記。容易上手的青少年專用鋼筆，只要裝上卡式墨水管便可使用，不會弄得髒兮兮的。不過，筆尖偏硬這點倒是讓書寫有點費力。那時我不知道鋼筆會越寫越流暢，一下子就被接下來流行起來的原子筆給吸引過去。

之後有好一陣子沒用鋼筆，到了二十歲後半，才又和另一枝鋼筆再度結緣。

這枝筆的牌子是德國老牌文具 senator（參照一八四頁）。後來我才曉得，這在日本算是進口稀少、發燒友等級的牌子，即使在鋼筆迷之間，也似乎不是那麼好入手。雖然如此，這枝筆我並不是在文具店買到，而是在雜貨禮品店的文具區發現的。記得沒錯的話，是自由之丘的「我的房間」這家店。

泛著光澤感的棕色桌面上，英國的古董檯燈發出淡淡微光，淺藍色洋蔥紙的信封信紙上，用皇家藍的墨水書寫著英文。旁邊放著嵌著金絲、看起來成熟穩重的 senator 黑色鋼筆，還有古典優雅的 Pelikan 墨水瓶。看到這樣的畫面，忍不住會想試試直接從墨水瓶注入墨水。隨手試寫看看，

便發現自己能夠輕巧舒服地帶出圓潤滑順的柔和線條。心中不禁漲滿了「啊，好想用這枝筆寫封信喔」的念頭。

一枝以萬元日幣計價的鋼筆，對我來說是極其奢侈的物品。反覆思量之後，終於一股腦買下了 senator 鋼筆和 Pelikan 墨水。接下來的十幾年，只要是書寫正式信件的時候，我都會使用這套寶貝工具。

不過，這枝 senator 鋼筆的狀況不太好。不管如何努力泡在玻璃杯水裡清潔保養，寫字時總是會漏墨，手指都被墨水染黑。因為職業的關係每天都要畫圖，所以我的指繭不是長在中指，而是長在無名指上，很容易沾染一大片墨水，看起來實在難為情。是時候了嗎？筆壞了嗎？還是因為最近一直都用門前仲町古董市集買的 Montblanc（一九六〇～七〇年代生產的庫存品），所以吃醋了呢？沒辦法再用這枝筆寫字實在好難過啊！

這時候我來到的地方，就是京都唯一的鋼筆專門店「文明商社」。

從京都車站只要走不到十分鐘便可抵達，位在東本願寺附近的七条通。這裡有著汽車圖樣彩繪玻璃的洋式建築，同時也是國家登錄文化財產的「富士 Rabbit」（舊日光社汽車經銷商總公司，一九二五年完工。現在一樓是餐飲店），還有「舊村井銀行」（大正三年完工，現在是咖啡廳。參照十九頁）這棟石造的大器建築。往西過去是一整排的佛具店，多到簡直嚇死人。

我男朋友的一位好友家裡也在這附近經營代代相傳的佛具店，所以如果要買線香或佛具，我都會到這裡來。後來才知道這附近以前也開了很多家西裝專門店。這裡過去是連結東西商業的繁榮區域。在這條七条通上，只有一個小小鋼筆廣告招牌的「文明商社」，也堂堂矗立了將近九十年。臨街的櫥窗裡擺放著為數眾多的鋼筆，光從外面欣賞就覺得心情愉悅。店內的玻璃展示架上放有 Pilot 和 Sailor 等經典品牌，還有 Montblanc、Pelikan、Lamy 等受歡迎的進口鋼筆，甚至還有珍貴稀有的手工鋼筆。在鋼筆迷之間，這家店相當有名。

當年鋼筆流行的時候，在京都大概也有十家左右的鋼筆專門店，不過現在好像只剩下這一家。

在還沒有發明原子筆的時代，甚至在戰時，鋼筆都被當成和家人寫信聯絡的貴重記錄工具，而放進勞軍物資當中送到前線去。那時候雖然物資相當缺乏，但鋼筆的銷量卻是一飛沖天。

目前負責經營的藤本老闆娘是第三代，也是擁有三名兒女的母親。詢問已經長大成人的兒女歲數時，才知道老大是跟我同年的女兒，下面則是兩個弟弟。我請教老闆娘是抱持著怎樣的心情，才能將這家店打理得井井有條，得到的回答是：「因為外子領有上班族薪水，所以才能用這種細水長流的方式經營。我一邊帶小孩，一邊做著女性也有能力做的工作，只是盡力罷了。不過，當然還是因為喜歡鋼筆的關係。」

藤本老闆娘說：「以前這種玻璃展示架放了一整排，鋼筆數量是現在的不知多少倍呢！」我想，將商店規模縮小到自己可以打理的範圍，盡力而為，不勉強地經營下去，應該也是其中的訣竅吧。隔著小小的玻璃展示架和老闆娘面對面交談，不但十分開心，還可以享受在大型商店體會不到、只屬於這家店的氛圍。

本來是想把那枝狀況不好的 senator 鋼筆帶來給老闆娘檢查一下，可是忘記放進包包裡了。只好口頭說明使用上出現的問題。

「這樣子的話，可能是裂開了吧。不過，還是帶來給我看看，也許有辦法可以修理。」

老闆娘簡直就像是鋼筆護理師。不說像醫師，是因為整個人散發出的柔和感覺，比較像是給予進入診間檢查前的病人照護的護理師。我也因此明白這家店為何會有從老遠地方定期過來拜訪的客人了。

只要是喜歡鋼筆的人，都會希望擁有一枝最適合自己的鋼筆。為了擁有這樣的一枝筆，在此之前不知道要砸多少錢買多少筆來嘗試。與其執著在一枝不管怎樣都無法用的鋼筆，還不如挑枝新的！心中又再次波濤洶湧起來。

「什麼樣的筆好呢？」連我自己都嚇一跳，居然這麼快就開始討論起新筆要買哪一枝。

「要很貼手，寫出來的線條要柔潤滑順，不要太粗獷，可是也不要太纖細。筆身不要太粗，也不要太細。樣式要簡單，不過要有個性。我很重視寫起來的感覺。可以的話不要日本製，價格

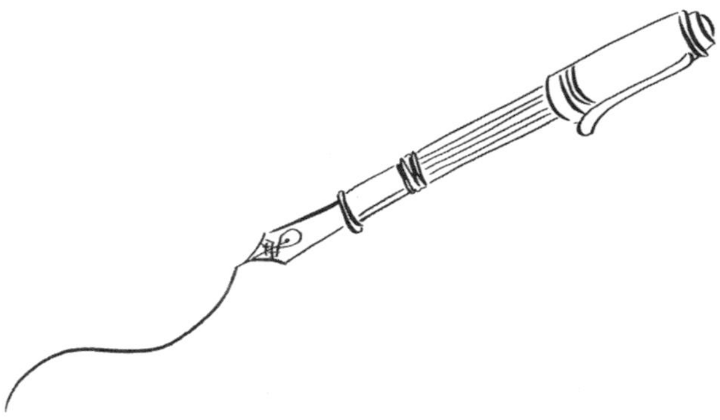

大概是……。」任性的條件一個又一個開了出來。

然後我又透露了工作時使用沾水筆（墨水和筆桿）、寫字很用力、現在使用的是 Montblanc 的庫存筆、喜歡注入式墨水勝於卡式墨水管等等細節，好不容易挑出了幾枝筆。

據說 Montblanc 公司體制似乎改了（除了鋼筆之外，也開始生產其他高級品），維修變得比較麻煩，所以就先不考慮，因為還是希望能夠用得長長久久。一開始還沒辦法具體描述清楚，在反覆討論之後，慢慢浮現出理想中的樣貌。就我看來，鋼筆大部分都鑲了金絲，看起來比較男性化，要從中找出比較中性的款式其實有點困難。即便如此，Pelikan 的 Sovereign 405 還是這樣抓住了我的心。

Sovereign 是 Pelikan 的經典系列。Sovereign 800 筆身的綠色或紅色紋理中嵌著金絲，雖然很帥氣，但對我來說太重了，而且價格似乎也高了點，會捨不得在平時拿來用。而 405 則是深藍色的紋理中嵌著銀絲，筆身比 800 要來得細一些、短一些，拿在手裡的感覺很協調，重量也不會太重。在櫃檯搭配著試寫的是 Pilot 墨水。

「要寫寫看嗎？其實不管怎樣，試寫看看感覺最準了。」

出墨相當滑順，不需花太多力氣便可順暢地寫下去。沒想到在紙上寫字會是件這麼令人愉快的事！心兒怦怦地跳著……我遇到最適合我的鋼筆了。

吸——呼，吸——呼。我深呼吸了好幾次，下定決心入手這枝將與我相伴一生的鋼筆。

「書寫的感覺、重量、顏色，如果不是親眼看見、親手拿過，還是沒辦法弄清楚。與其賣出大量的筆，我還比較希望客人能親自到店裡來試寫、選擇。太好了，妳找到了適合自己的筆。」

老闆娘這麼說著，順帶又仔細地再教我一次保養的方法。

「玻璃杯裝水，泡到這裡就好，不可以整個泡進去。」

拿來擦拭墨水的抹布皺巴巴的，而且整塊染成藍色，正代表著客人前來試寫確認、老闆娘一遍又一遍反覆說明的痕跡。親手試用選擇的重要性、反覆討論找出最適合自己的一枝筆，讓人欣喜地胸口逐漸沸騰起來。

鋼筆的使用和保養都很耗時且麻煩，不是那麼簡單容易的事。可是透過書寫的過程，鋼筆和我們之間的關係也越來越深厚，筆適應了我們寫字的習慣，我們也對筆湧現了深刻的感情。這就是鋼筆！

花了三十五年的歲月終於找到了答案。回家的路上，我騎著腳踏車哼著歌，恨不得馬上回家拿起這枝鋼筆拚命地書寫下去。

Souveran 405鋼筆

金屬書籤

亞美尼亞薰香紙

Souveran 405 鋼筆

Pelikan 製

Pelikan是德國的繪畫用具製造老舖。其他廣受歡迎的繪畫用具還有墨水、彩色鉛筆等。這枝鋼筆的筆尖是鍍銠14K金，墨水則是注入式設計。這是以一九五〇～六〇年代流行的M400為基礎而設計，Souveran系列從M1000到袖珍型的M300共有五種不同的尺寸。顏色則有綠色條紋（像五彩般的深綠色）、粗線條紋（深酒紅色）等六色八種類。由於品質穩定，據說很容易調整或保存。

亞美尼亞薰香紙

Santa Maria Novella 製

為了紀念購買了Souveran 405鋼筆，我想打造一個適合鋼筆的環境。這個環境的範圍雖然很小，但對我而言卻是不可多得的奢侈呢！主題就是「記事本上的極樂時光」。這麼一想，實際著手進行時就會感到很開心。這份奢侈就是義大利的老舖藥局「Santa Maria Novella」生產的亞美尼亞薰香紙。喜歡小盒子的我，光看到這個盒子的模樣就非買不可。用印章蓋的批號部分也很不錯。一打開盒子，觸感極佳的厚紙張上印有義大利文的字體。用金屬書籤夾著薰香紙放在書中，只要打開書，就會有一股香氣撲鼻而來。想像翻開黑色封面、形狀齊整、帶點男性氣概的Moleskine記事本時，卻隱約傳來悠緩柔和的女性香氣，啊！這種搭配是多麼絕讚的巧思啊！我一個人深深沉醉在其中。紅色的盒子裡裝了十八張薰香紙，一共三千四百六十五圓日幣。這麼小小的一張紙，竟然這麼貴呀？雖然只是小小的嘀咕，但一張平均一百九十二圓日幣的價格，確實充滿了奢華的高級感。因為香味能夠持續，於是我偷偷夾放在信裡寄出去，收到信的朋友一定會很高興吧？

金屬書籤

夾著亞美尼亞薰香紙的金屬書籤本來作為書籍的書籤使用。我覺得在Moleskine記事本裡如果使用一般的迴紋針夾著薰香紙，多少有點厚而變得不方便，但如果是用這種薄薄的金屬書籤夾著店卡正是恰到好處。像筆尖的形狀設計也深深擄獲了文具愛好者的芳心。這是在銀座的「ITOYA」買的。美國製品。

第二章

在古董市集發現的文具

悠閒地……緩慢地。
仔細地，有時候是暖洋洋地……。
京都的時光不慌不忙地在古董市集裡流逝。
從這一個人手裡轉到另一個人手裡的古物。
為了悄悄隱身其中的老文具，
我每個月都會來到市集找尋。
今天會發現怎樣的文具呢？
我懷抱著興奮的心情，騎著腳踏車準備展開尋寶遊戲。

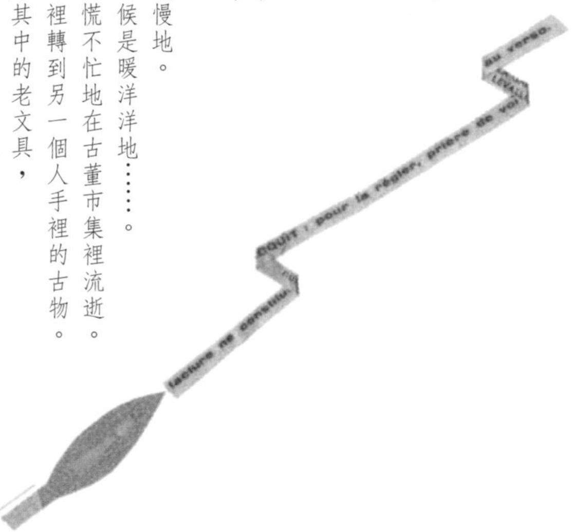

天神市集

「我去天神市集逛逛喔！」

從小，二十五日就是我每個月期待的日子。排列在參道兩旁擁擠的攤販，有玩具、棉花糖、撈金魚、麥芽糖、章魚燒、日式煎餅……還有好多好多。夏天的時候穿著浴衣，一手牽著爸媽，頭上戴著甜蜜小天使或是魔法少女莎莉的面具，另一手拿著蘋果糖。

小時候總是希望自己變聰明，會用自己的頭去碰碰坐鎮神社的牛雕像頭部。而現在呢，則是改摸摸雕像的腰部，喃喃祈求讓腰能夠舒服一點。

被京都人暱稱為「天神」的北野天滿宮，是祭祀被尊崇為學問之神的菅原道真公的神社。道真公的生日和忌日剛好都在二十五日，因此每個月的這一天都會舉辦廟會。

從二月到三月，神社裡有兩千棵，五十種品種的梅花便會競相綻放，讓人提早感受到春天的到來。

以前我完全不去神社東側的區域，只喜歡逛中央的攤販和西側的園藝市集。但是現在卻很喜歡東側的古董街，光用看的就很高興。容器、老舊用品、高價古董，還有少數的英美二手物，昭和時代（一九二六～八八年）令人懷念的用品、舊衣等等，全都陳列在這裡。

二十五日如果剛好又是週末，人潮就會倍增，想要走動都不容易。所以我盡量會在平日空閒的午後前去，悠閒地邊走邊看。

因為店家來自全國各地，所以不只有京都的東西，有時候也會看到四國或中部地方的古物。如果是從四國來這裡玩，在不知情的情況下，有可能在天神市集買到四國的東西回去。

可能的話，最好和老闆確認一下：「這是哪裡的東西啊？」「這是多久以前的東西呢？」

與人或物的相遇，常常會用「一期一會（一生只有一次）」來形容。在這裡相遇也是一種緣份。找到的文具通常都有變色、破損的情形，但卻顯露出十足的韻味。想到只要經過修補琢磨就能再度使用，就會忍不住開心起來。

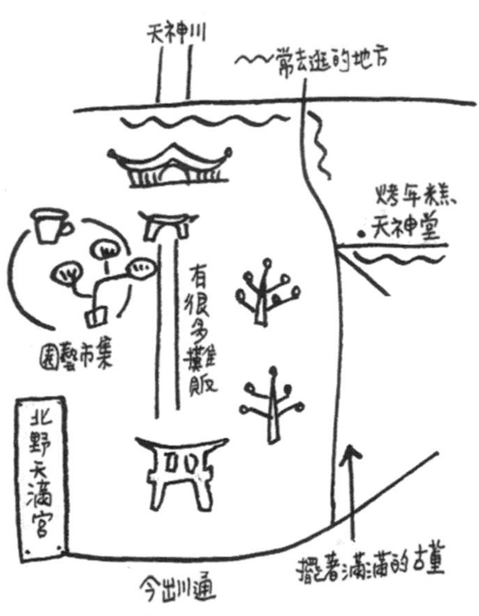

北野天滿宮

京都市上京區馬喰町

廟會　每月二十五日　約上午七時~晚上九時

（古董攤位大多在快要傍晚的時候便會收市。）

（參與店家大約一千家左右。小吃、古董、園藝、舊衣等等，隨季節變換。）

CHILDREN OF THE WORLD!
王様クレィヨン
OSAMA SHOKAI CO.
STANDARD COLORS
"OSAMA CRAYONS"
№12
OSAMA SHOKAI CO.LTD. TOKYO

王様蠟筆

Micky 刀片

Celluloid
紅色鉛筆盒

免削鉛筆

內置滴管式鋼筆

兩種原子筆和鋼筆

藍·黑墨水

舊墨水瓶和筆

昭和初期的印台

英文字母的橡皮印章

生鏽的文具鐵夾

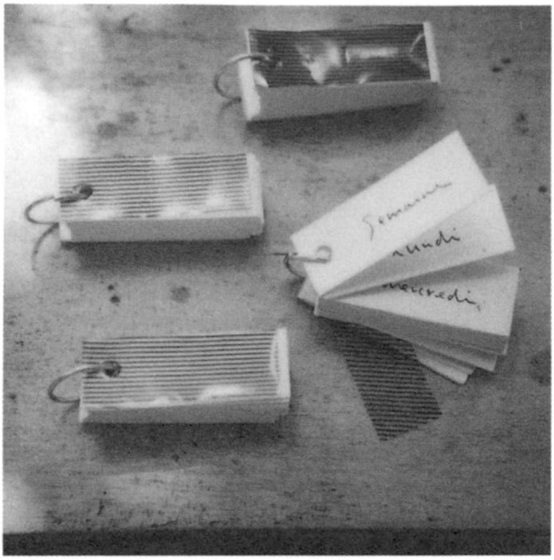

條紋圖案的單字卡

伸縮式拉門文具箱

王樣蠟筆

王樣商會製

令人眼睛為之一亮的鮮紅色盒子上印有撲克牌的國王圖案。我的紙箱裡收藏好多王樣蠟筆。十二色的蠟筆盒蓋內側是素面設計，但一打開十六色蠟筆，哇！盒蓋內側卻出現了國外繪本的插圖，並以英文寫著：「獻給世界各地的孩子們！願世界更美好……」對小孩子來說，恐怕只會注意上面的圖畫而非文字吧，不過仍然能感受到王樣商會傳達的企業精神。包著蠟筆的紙和盒子的紙張，都處理得非常講究，這點很令人激賞。當時十六色的售價是七十五圓日幣。盒內則寫著：「王樣蠟筆軟硬適中，是專為擅長畫圖的人士特別製造的最佳繪圖用具。此外，在蠟筆種類中，還有一種比一般粉蠟筆更柔軟的王樣軟式粉彩蠟筆，這是日本舉世聞名的繪圖用具，在許多文具店也有販售。不妨搭配這種軟式粉彩蠟筆一起畫出美麗的畫吧！」希望哪一天我也能找到王樣軟式粉彩蠟筆呢。

◎田村隆一的詩

王樣蠟筆也曾在詩人田村隆一的作品中出現過。

「六色的蠟筆」
我上小學時
媽媽只買了六色的
王樣蠟筆給我
班上的同學
有人用的是十二色蠟筆
（中間省略）
那盒王樣蠟筆
後來究竟到哪去了呢？

在這首詩裡，兩次提到了王樣蠟筆。根據《田村隆一全詩集》的年表，詩人田村的小學時代約在昭和四～十年（九二九～三五年）。那時他內心很羨慕擁有二十四色蠟筆的同學，同時也想起母親當年抱持著讓孩子以六色蠟筆設法畫出二十四色作品的藝術信念，最後將對母親的情感具體投射在上了色的鎌倉山景，再以詩作點綴。

Micky刀片

印有「MICKY」字體的Micky刀片，有著閃亮的色彩。由於採對折設計，放在鉛筆盒裡相當安全。市面上還有很多類似的刀片。刀片本身雖無Micky的圖案，倒是盒子上印有奇怪的Micky。

◎父親和Micky刀片

父親一直都習慣在桌上鋪好廣告紙，然後在上面仔細地用剃刀削著鉛筆。即使後來削鉛筆機問市，父親依然堅持以剃刀削鉛筆。上小學時，我雖然學會了削鉛筆的方法，可惜難度太高，結果總是割到手。然而父親看了卻說如果一味怕受傷而不練習，那麼根本無法記住要領，所以要我再試試看！於是我就這樣一枝又一枝地削了好多鉛筆。

那時，我參加《科學與學習》雜誌舉辦的活動，獲得第一名（無論在這之前或之後，得到第一名，這可是絕無僅有），家裡終於有了一台電動削鉛筆機。儘管使用時會發出很大的聲響，但我對於這種可以一直削著鉛筆的機器感到十分新奇。不過，由於鉛筆很快就變短，鉛筆盒中的鉛筆全都加上了輔助軸才能用，果然還是用手削鉛筆比較好，於是我又再度拿著對折的刀片削鉛筆。而電動削鉛筆機因為太吵了，最後被我束之高閣。無意中用了一下父親留下來的紅色鉛筆，筆尖很快就變鈍了。我很想保留當年用手削鉛筆的痕跡，所以這枝充滿回憶的鉛筆，就這樣保持原有的形狀而沒有再削了。

免削鉛筆

這是我在上小學時相當流行的免削鉛筆。小截的筆芯鈍了之後，取出後直接從筆尾放進去，再壓一下新的筆芯就跑出來了。等所有的筆芯都用鈍後，就只剩下把筆芯不停推進推出的玩法了。這種鉛筆很像用過即丟的玩具。表面包裝上印的是免削鉛筆變成火箭發射的可愛圖案。台灣製。

Celluloid 紅色鉛筆盒

Celluloid的文具一眼就令人感到濃濃的懷舊之情，像鉛筆盒或香皂盒就屬於這一類。上面印著「鉛筆盒，香港」（Pencil Case H.K）的記號。彷彿未曾使用般，保存狀態十分良好。Celluloid雖然體積輕盈，卻很容易破掉，蓋子也很難關上。不過，柔和的色調在光線良好的地方會呈半透明狀態，這時儼然變成了另一種顏色。

兩種原子筆和鋼筆

右上起分別是
原子筆（Bic製）
鋼筆（Parker製）
原子筆（Parker製）

仔細端詳Bic原子筆的筆軸，發現上面印有「第一學習社」的文字，想必是當時公司發送的紀念品。在插入部分也有Bic的標誌記號。如果能將略微生鏽的筆芯換掉，應該還能使用。Parker鋼筆則是對它的深綠色造型十分著迷，而情不自禁地拿在手上把玩。我想放入卡式墨水管應該還是可以使用。Parker原子筆上有21的數字，墨水是藍色的，書寫流暢，而且也無需調整立即就能用，真是開心。至於一旁的STUDY NOTE筆記本，則是在別家文具店買的、Pilot出品的老舊大學筆記本。

內置滴管式鋼筆

這枝是Golden Star鋼筆。購買時店家告訴我是國產品，後來才發現是中國製。一枝一枝分別包裝後收入盒子裡銷售，共有黑色、苔蘚綠和棕色三種顏色。鋼筆主體內有滴管式設計，可以直接接上墨水瓶吸墨水，即使書寫細字也十分流暢，在記事本上書寫細小字體時使用。

舊墨水瓶和筆

王樣商會製

在紅色塑膠蓋上印有「Lloyd」的字。瓶子的形狀、大小、字體等雖然小巧，卻有難以忽略的存在感，不容忽視。木製筆軸印有「VENICE」，我一眼就愛上了用慣後會自然脫落的木色質感。因為筆尖大概是鋁製的，所以有些腐蝕變色，但更換後應該可以如常使用。

藍．黑墨水

Platinum鋼筆公司製

這是Platinum（白金牌）鋼筆公司銷售的藍．黑墨水。在原子筆尚未問市之前，藍．黑色是正式文書使用的顏色。黃色和深藍色對比鮮明的標籤，和目前上面印有「INK」簡潔設計的產品給人截然不同的印象。至於瓶身，也是極為簡單大方的造型，聰穎靈巧，藍色塑膠蓋上印有浮雕的註冊商標「S☆N」，側面的凹凸部位特別採用易開啟的設計。「BEST IN THE WORLD」的文字也散發出些許的時代感。

◎ Platinum鋼筆公司創立於大正八年（一九二〇年），也是製造Celluloid或屋久杉等良好素材的鋼筆品牌。Platinum 3776的Celluloid金魚系列，有如嵌入紅白碎紙片般的圖案十分可愛，乍看之下就像金魚在水中嬉戲。浪漫畫家竹久夢二（一八八四～一九三四年）的世界透過鋼筆變得栩栩如生，這枝鋼筆也可說是充滿浪漫色彩的少女文具。

昭和初期的印台

這個是寫著「高島屋特製（TAKASHIMAYA TOKUSEI）」、大約一九二六～四〇年、沒有使用過的印台。購買時店家告訴我：「大概是戰前或戰後的東西吧。」原來經常進貨的店家也搞不清楚當初問市的時期而直接出售。印台盒其實只是在木製盒子裡鋪上一層布料而已。不過在漂亮的綠色盒子加上令人聯想起歐洲印台的裝飾線條和文字，讓這個頗有歲月的罐盒令人過目難忘。

英文字母的橡皮印章

月星製

親眼看到了這個舊文具，赫然發現原來這家公司也曾經推出過這樣的商品。「月星」這家公司其實是家鞋商（現為Moon Star），而所謂的鞋子也只是鞋底的橡膠部分。就連包裝上也印有「月星印」。鞋商製的橡皮印章……雖然感覺有點奇怪，但想想也頗為合理。

條紋圖案的單字卡

這個單字卡的金屬環並沒有附上金屬卡圈，所以沒辦法替換字卡，一旦寫錯就只好撕掉。封面是塑膠製，有紅、綠、藍、黑色條紋，不禁讓我想起中學時為了背英文單字而用的單字卡。為了重溫學生生活，這次我寫上法文單字……不過究竟記不記得住，那又另當別論了。

生鏽的文具鐵夾

這是造型再簡單不過的普通文具鐵夾。與其說是買了生鏽的鐵夾，倒不如說是買文具夾的鏽蝕部分來得更貼切。我把它拿來夾放在電話旁記事用的便條紙。這麼一來，紙張上或多或少也留有生鏽的痕跡，感覺很不錯喔！

伸縮式拉門文具箱

◎文具偵探

金屬板上印有「UROKO BRAND CH. TAKEDA & CO., LTD OSAKA」字樣。打開伸縮式的拉門木盒，發現了精巧的小隔間設計。裡面放了Platinum鋼筆公司製（卡式墨水管）的紅色和黑色鋼筆，以及兩個墨水印盒。鋼筆和墨水似乎都沒有使用過，裡面也毫無墨漬的痕跡，就像庫存品一樣。附在木箱的金屬板上則有黯淡的色彩和鏽痕，木材的質地也散發出歲月流逝的氣息。

「這大概是多少年前的東西啊？」我問。店家回答：「大概是昭和二十年代～三十年代（一九四五～五五）的吧。」

「如果盒子裡的鋼筆也是同年代產品，就可以查出Platinum鋼筆公司的歷史對嗎？」「可是……這是卡式墨水管的鋼筆，應該不需要用到墨水瓶吧？」「說不定是後來才附贈放進去的吧？」

我和店家像偵探般循著一些蛛絲馬跡討論著這些文具的歷史。最後的結果變成，我乾脆把它帶回家好了。

寫信時打開木盒，桌上頓時充滿了獨特的氛圍。我打開抽屜，在墨水瓶裡添加墨水，然後開始寫字，接著又從小抽屜裡拿出郵票。這麼一氣呵成的動作彷彿是一種儀式。在安靜沉穩的時光中，唯有文字書寫的沙沙聲。放在下層抽屜的郵票，是在北大路商店街舊玩具店角落的「Yuriya商會」找到的。我有時會去那裡翻翻找找，看有沒有珍稀罕見的郵票。因為那裡的爺爺總是十分仔細地幫我尋找，常不知不覺就在那裡待了好久。所以明明是去買郵票，最後老爺爺卻遞給了我舊的文庫本書籍。關於這點，我那些集郵好友們同樣百思不解呀！

弘法市集

每個月二十一日在東寺都會舉辦的弘法市集，這是因為弘法大師圓寂的日子是三月二十一日，所以選在這一天。這是京都最多店家參與的大型廟會，攤販總數約有一千家，據說每個月大概都有十萬人參加。

古董、舊衣、雜物、二手用品，除了日本以外，也有來自歐洲、中國等地的東西。從高價的古董美術到生活雜貨用品，全國各地的店家都到這裡設攤。最近可以感覺到市集漸漸觀光化，人潮擁擠到必須隨時提振精神，才能殺出一條血路。天神市集和弘法市集兩邊都參與的店家也很多，所以常常會遇到熟面孔。能不能用便宜的價錢買到好東西，都要看命運的安排，這還是要靠緣份吧！

至於我呢，會逛的地方大概就是那幾個。從北側的大門進入，到荷花池附近為止的那條通路，加上左右兩邊的區域。東寺裡設有一所高中，校舍、校園間的空地擺滿了各式各樣的古董物品，而學生仍舊保持平常的表情從旁走過。我滿喜歡這附近賣雜物的攤位，有二手印章、郵票、釘子和鑰匙等等，我常常被釘住似地在那兒著迷地研究著。

在找尋裝沾水筆尖的盒子（參照一七四頁）時，問老闆說：「這要賣多少呢？」老闆的回答是：「大叔我有點口渴，買罐咖啡給我吧。」最後以一百二十日圓成交。

有時候會看到手裡晃著狸貓雕像的大叔，想把雕像賣給店家的情形「這真的是你自己的嗎？

不是從哪裡偷來的嗎？」結果被這樣追問著。後來我又在別的地方看到這位狸貓大叔好幾次。

遇到這種奇怪的狀況，也可算是廟會的有趣之處。

想要在這麼多東西裡挖出好東西，需要有相當的毅力。最好不要聽到價錢就不管三七二十一直接殺價。希望大家能夠讓對方了解到你對這項物品多麼有興趣，一定要花時間聽聽老東西背後的故事，進而沉浸其中。譬如說，即使只是聽到這是從京都鄉下的倉庫裡找出來的東西，也可以運用想像力幻想是怎樣的人在什麼樣的地方如何使用這項物品，這樣你在使用時就會更加珍惜。

擁有歷史的文具，只有在人的手中才能復活重生，在主人的使用下逐漸散發光芒，直到某一天再由下一位主人接手。

東寺

京都市南區九條一

每月二十一日　上午八時～下午四時

（每月第一個星期日會舉辦古董／雜物市集）

（參與店家大約一千～一千三百家。）

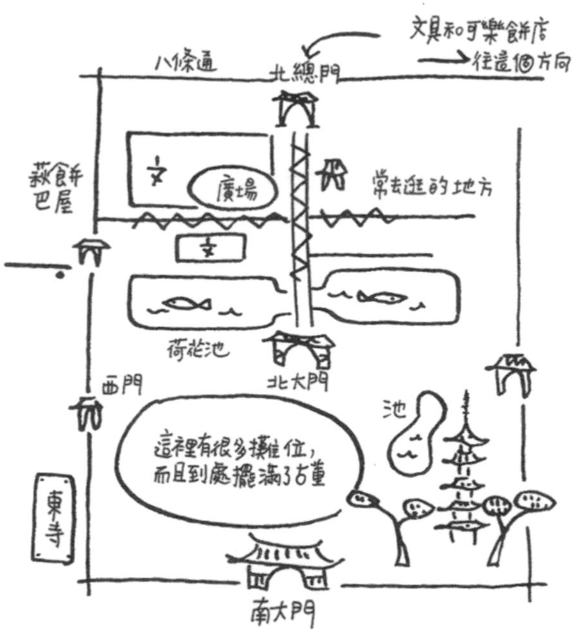

手動削鉛筆機

三種生鏽的文具鐵夾

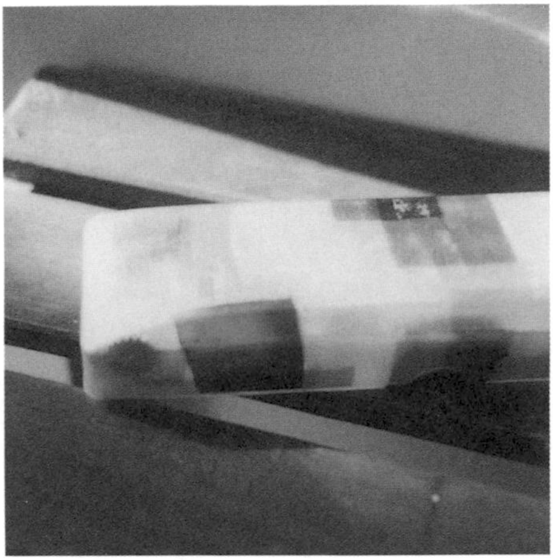

Celluloid 鉛筆盒

舊別針圓盒

手動削鉛筆機

Colleen 鉛筆製

削鉛筆機上印有「COLLEEN BRAND PENCIL SHARPNER No. 6000」。在日本這台機器似乎被稱為第一部手動削鉛筆機，大約是一九五〇年代的產品。深抹茶色、帶有鏽蝕，充滿了被人善加利用後的滿足表情。我一眼就看到它。坐下來後，拿在手上欣賞了好久。由於保存狀況十分良好，完全沒有殘留一絲削過的鉛筆屑，主體也擦得閃閃發亮，附在筆屑盒上小小的金屬把手也別有韻味。購買時，我還獲得一些小贈品，於是便慎重地將它們抱在胸前走著。從此，我的工作室又多了一個手動削鉛筆機的好夥伴了。

◎Colleen 鉛筆三角形的臉部記號，是從孩提時代就十分熟悉的圖案。它與三菱鉛筆、Tombow 鉛筆並列為三大鉛筆製造商。在大正五年（一九一六年），以赤木廣八商店之名創立，並在昭和二十二年（一九四七年）改名為 Colleen 鉛筆，可惜在平成九年（一九九七年）倒閉了。所以我總是會在文具店裡尋找 Colleen 鉛筆的筆記用品。

Celluloid 鉛筆盒

Sun Star 文具製

把 Celluloid 鉛筆盒放在桌上，待夕陽餘暉照射，會產生色紙裝飾花般的鑲嵌效果，彷彿開始演奏璀璨閃亮的樂曲。鉛筆盒內層是雙層設計，並特別採用可直立作為筆座的設計。自從和這個鉛筆盒相遇，相信我會更長時間地流連在骨董市場了。

三種生鏽的文具鐵夾

這種生鏽的文具夾感覺好像到處都有，事實上往往遍尋不著。其實也有特別經過雨淋後使其生鏽的方法啦，不過古老的文具夾經過歲月的洗禮，自然帶有獨特的質感，這和只經過幾個星期雨水浸蝕的速成骨董情況截然不同。這種經過無數人手中用過的觸感，絕對不是幾個簡單的步驟就能模仿得出來。有時打開捲起來的舊報紙，看到上面刊載的新年參拜公告，映入眼簾的卻是年幼時常去遊玩的車折神社。像這種不經意的相遇，也著實讓人雀躍心喜。

舊別針圓盒

雖然只是個小盒子，但卻令人愛不釋手呀！裡面空空如也，究竟曾經放過哪種別針，讓人充滿想像的空間。深綠和紅色的強烈對比，但柔和得恰到好處。裡面究竟放了什麼呢？想必也是一樣古老的東西吧！像是以前的外國貨幣、舊的生鏽別針針頭和變形的迴紋針等等。

京都大古董祭

因為喜好古董而熱鬧舉辦的古董祭典，一年共有三次（三、六、十月），地點在 Pulse Plaza（京都府見本市綜合會館）。

全國各地的店家，像古董美術品、古董日用品、古布、書畫、陶瓷器、西洋古董等等都會參與，是西日本規模最大的市集。進入會場就可以看到井然的一間間攤位，還有沉溺於古物的人群。

這裡和天神市集或弘法市集的氣氛完全不同。隨便逛逛的人比較少，大部分都是有目的、想買東西的人。有滿多擁有行家眼光的客人。

在這裡，對有興趣的古物提出疑問，都可以獲得詳細的解答，價錢也可以商量。不管是店家還是顧客，雙方都專注認真地對待這些商品。會場裡就是洋溢著這樣的氣氛。

有時候也會看到眼光銳利的專家聚在一塊兒互相角力，常常會出現深度的討論，就算只是在一旁聆聽，也是十分有趣。不管是誰都不想認輸，原本深藏在歲月陳跡中的古董軼事，就這樣一段又一段地被挖出來討論。

會場的廣播也非常好玩。Pulse Plaza 一到了中午就會出現這樣的廣播：「我們家老闆娘煮的咖哩很好吃喔，有上過雜誌喔。大家一定要來嘗嘗我們家老闆娘昨晚精心烹調的咖哩喔！」設置在古董攤位中間的飲食區，馬上就聚集了購買咖哩的排隊人潮。

京都下鴨神社二手書祭典的廣播有時候也有趣得很。「這裡有寄養小貓，有誰想養貓嗎？」「送橘子喔，有很多喔。有沒有人想吃啊？剩下三人份！」等等。在因為一直專注於古書、古董而感到疲累的時候，洋溢著溫暖手工感覺的祭典氣氛，和具有獨特個性的廣播，彷彿替我們補充了開懷大笑的營養素。這一刻，廣大的會場裡到處都可以聽到笑聲，讓人不禁受到感染而浮現微笑。

營業時間快結束的時候，參與的店家們便會放出折扣的暗示：「在酷熱的天氣中，感謝各位的光臨，我們也會繼續努力回報大家的熱情。」這真是令人既開心又感動的天籟。

受到這番話語影響而入手的文具，也都充滿著歷經長久等待的舊時代深刻韻味。

京都大古董祭

京都市伏見區竹田鳥羽殿町五 Pulse Plaza

一年三次（三、六、十月）上午十時～下午五時

塗漆的舊紙夾

日製吸墨紙

昭和初期的舊筆記本

塗漆的舊紙夾

這個舊紙夾和一九〇頁的文具鐵夾形狀幾乎一模一樣，是古老的紙夾素材，但只有其中一面上了漆，光是這個獨特稀珍之處，就讓店家讚揚不已。的確，塗上了茶褐色的樣子真是美極了，讓人不禁對掛在牆上夾著紙張的紙夾陶醉不已。不知當初是誰體貼細心，特別花時間慎重地為它上了漆呢。

昭和初期的舊筆記本

筆記本封面上畫有熱中閱讀的小男生小女生圖案，讓人注目流連而忍不住伸手翻閱。蔓延的樹枝，圍繞襯托「Note Book」字體的設計非常吸引人。以黑、紅、藍和綠等四個基色為主，更順著圖案的輪廓，加上細邊設計，對於一般筆記本來說，是本奢華之作。封面一角寫著(拾年八月二十三日起)，想必是昭和十年(一九三五年)開始使用的筆記本。紮實的粗紙質感，經過日曬，四處都有裂痕或污點。看著這本筆記本昔日擁有者的字跡，以鉛筆在筆記本上交錯寫著數字和漢字，也常出現「尺」或「張」等文字。會不會是當成帳簿使用呢？可惜無從得知。

日製吸墨紙

即使紙類專門店的人已經告訴我：「專門紙類開賣首日，先到先贏。」但我還是拖到了最後一天下午才姍姍前往，不過卻在琳瑯滿目的紙類中找到了我要的東西。那就是日製的吸墨紙，而且全是戰前商品。這些多半是吸墨狀況良好、觸感舒適的輕柔紙張。這種吸墨紙在使用印章蓋印時也很方便。同時還具備防滲透、速乾的優點。

○Fuem鋼筆

封面上寫著：「修理迅速、即時交換金屬筆尖」。下半部則留有記載特約店店名的空欄。這種吸墨紙是企業為了宣傳，向各家文具店發送的產品。內頁則是深粉紅色、紮實粗厚的紙張，滲有印刷的圖案輪廓，別有一番韻味。

○鑽石墨水

封面上寫著：「色澤清新、精選質料、WELL鋼筆總舖、鑽石事業株式會社製造、鋼筆用2盎司25SEN」。內頁印有名古屋鋼筆專門店「三光堂」的印章。像小壺的墨水瓶上繪有羽毛筆圖案。

◎吸墨紙起源

根據「日本文具資料館」的說明內容，距今約一百二十年前，並沒有所謂的吸墨紙，而是直接鋪上細沙作為吸墨之用。英國當年一家製紙工廠製作手漉紙時，由於工人忘記加膠水(作為接著劑使用)即完工，才意外發現這種紙竟有良好的吸墨功能。一八五八年時英國的Thomas Balch Ford，便開始以機器大量生產吸墨紙。

第三章

打開文具的寶盒

在拜訪文具店的過程中，
慢慢會想更加深入地了解文具。
這是拿來做什麼用的呢？
這是多久以前的人使用的呢？
從書本或網路無法碰觸到的實品，
我親自用雙眼做了確認。
沿著文具發展的道路，
我展開了小小的旅程。

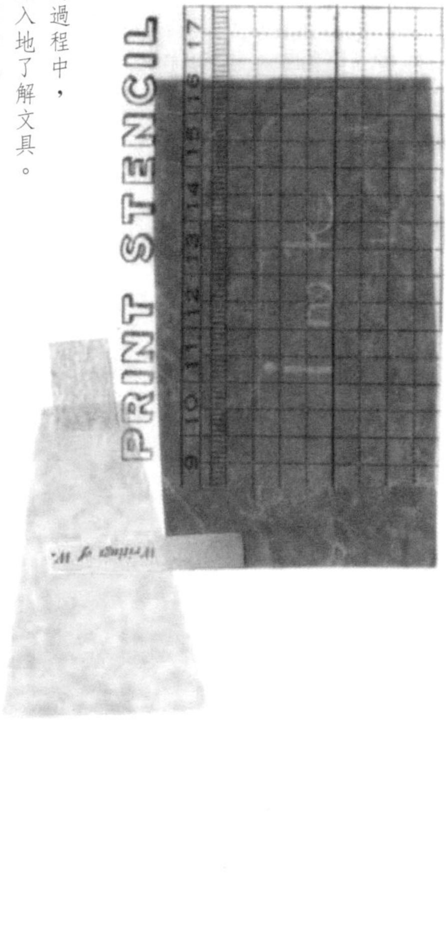

油印傳承館

如果問起知不知道油印用的嘎哩板，看對方反應大概就可以推知他的年紀。二十幾歲的朋友聽了通常都會回答：「嘎哩板是什麼？你是想說格列佛吧？」

說到油印，就等於小學教師辦公室的味道。聞到油墨獨特的氣味，就想起被老師叫到辦公室的感覺，忍不住緊張起來。這次參訪各家文具店的過程中，就曾找到塗蠟的原稿用紙和鐵筆。

我很喜歡蠟紙，這種原稿用紙摸起來更是舒服。在原稿用紙上使用鐵筆嘎哩嘎哩地刻畫書寫，然後再用滾輪印刷。是什麼原理也搞不清楚，就只是重複在粗紙上印出不知多少張學校通知單的機械動作。什麼時候教師辦公室裡不再聞到油墨的味道呢？我想大概是文字處理機和影印機發明了以後吧。

油墨印刷究竟是從什麼時候開始的呢？

稍微調查了一下，發現原來鄰近京都的滋賀縣東近江市正是油印的發源地，而且還有座「油印傳承館」。從京都出發車程約一小時，來到了一大片安靜的田野，突然間看到了一座褪色的薄荷綠洋房。

這裡就是「油印傳承館」。將油墨印刷發明人堀井新治郎父子老家的兩層洋房（一九〇九年完工）整修之後，為了讓懷念油印和不知道油印的人都能體驗到油印神奇的魅力，在平成十年（一九九八年）四月創立了這座博物館。

洋房本身也屬於國家登錄有形的文化財產。

油印傳承館的外觀

窗戶的造型別有風味，屋簷下則有金屬工藝等裝飾，到處都充滿了細緻的作工。

往主屋入口方向走去，周邊座落著幾幢老舊倉庫，讓我們窺探到當年晉江商人富裕的生活。進入館內，壯觀的梁柱、挑高的天花板，還有房內的陳設，在在都讓人歎為觀止。一般人還在使用蠟燭照明的時候，這裡似乎就已經開始使用煤氣燈，屋內就裝設了好幾個。垂直延伸的鐵管在屋內蜿蜒，上面還附有煤氣的活栓。煤氣燈下究竟是過著怎樣的生活呢？

一樓播放著詳細解說油印方式的影片，但更讓人驚喜的是展示著從明治到昭和年代宣傳品美麗的套色印刷以及緻密的文字。

堀井父子為了發明能夠簡單複印大量文章的印刷機，投注了他們所有的財產，甚至陷入無飯可吃的困苦局面，最後參考了愛迪生發明的油印機，終於在明治二十七年（一八九四年）發明了油印謄寫板。因為在鋼板上用鐵筆刻劃會發出嘎哩嘎哩的聲音，於是謄寫板的暱稱又叫作「嘎哩板」。

堀井父子創立的公司已經不再經營油墨印刷。現在，全國還在經營油墨印刷的，只剩下一家叫作「安藤謄寫」的公司。有時候還會在報紙上看到報導，說「安藤謄寫」公司的安藤先生手上的墨水修正液庫存已經快用完了，希望如果哪家文具店還有存貨可以賣給他。雖然似乎也可以用清漆代替，但對於一直使用修正液的人來說，還是原來的好用！我想安藤先生一定是這麼講究的吧。

保持舊時原樣、沒有鋪設地板的泥土地面房間，後頭珪藻土牆面上開著窗。體驗油墨印刷的地點就在這裡。

終於要試印了。朋友想印的是手寫名片，我則是畫了這座博物館的建築。在鋼板上放上原稿用紙，先用鉛筆輕輕繪製，然後用鐵筆在上面嘎哩嘎哩地描寫。這比我想像中要來得困難，沒辦法照著自己的意思刻劃線條。不過，等到鐵筆尖稍微磨圓後就變得好寫多了。

嘎哩嘎哩嘎哩……只聽到這個聲音，真是太有趣了！嘎哩嘎哩嘎哩，刻劃過的地方會變透明，如果太用力的話會劃破蠟紙，那就只好換一張重頭來過。

「使用的力度相當重要，太強或太弱都不行。必須強迫自己認真畫完。我真的很想讓現在的小孩都來試試看。」管理這座博物館的岡田先生這麼說著。

在原稿用紙上描完文字或圖樣後，來到了泥土地面的房間，將原稿用紙貼在謄寫板網上，印刷用紙則放在下面。將滾輪沾取油墨後，順著同一個方向滾動。

「啊，這個味道，真是令人懷念。」出人意料

油印必備的工具

○鋼板（在木板中央放上沉重的鋼板）
○謄寫板用鐵筆原稿用紙（塗蠟的薄紙，印有方便構圖的方眼格）
○謄寫板（印刷用板，附油印用網板）
○鐵筆、滾輪、墨水、修正液

★謄寫板大概是以木框等組合而成，網板可在一般畫材店購買。油墨可嘗試在油畫材料中，加入適量的媒劑和固態燈油推開來代替使用。筆尖則有勾勒線條、塗抹等多種類型。

這是油印體驗的泥土地面房間，老舊的餐具櫃裡擺放著油印的工具。

1

在鋼板上放上原稿用紙，使用鐵筆在用紙上描繪文字或圖畫。因為刻劃線條而發出嘎哩嘎哩的聲音，充滿著不可言喻的快感。畫過的地方會浮現白色稍微凸起的線條。

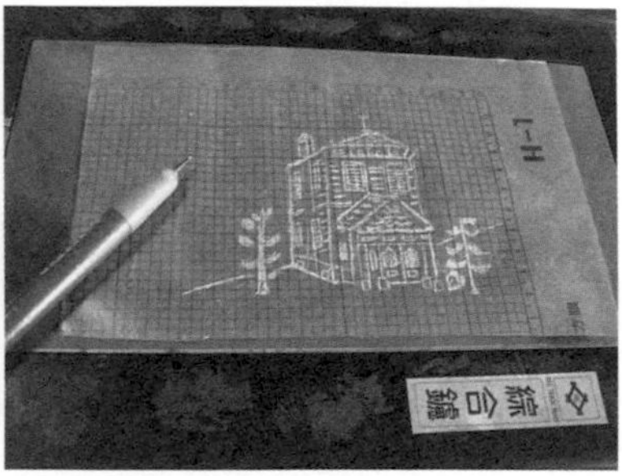

2

將原稿用紙放到謄寫印刷板上，利用紙膠帶固定好。夾入明信片或其他紙類，將滾輪沾好墨水後，順著同一方向滾動印刷。

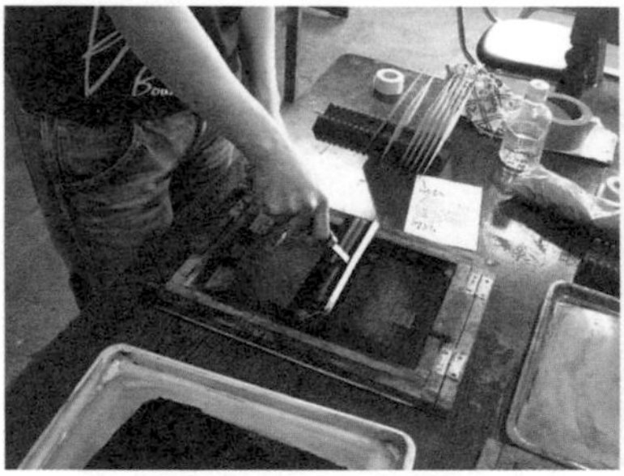

地，不管印了幾張都很漂亮，印個上百張也不成問題。感動悄悄盈滿我的心中。這種不需要電力，也不會製造垃圾的油墨印刷，要是能再度普及的話那該多好……套色印刷一定也很好玩。我想應該將油印當作一種畫材來重新看待。

想不想再度嘗試看看油墨印刷呢？

油印出來的明信片。墨水暈染的感覺很有味道，比我原本想像中的印得還要漂亮。

油印傳承館

滋賀縣東近江市蒲生岡本町 663

只有星期六、日開館

☎ 81-0748-55-0419（可恰油印傳承館事務局　岡田先生）

（平日或國定假日想要參觀見習的話，需向東近江市役所蒲生教育分室預約，☎ 81-0748-55-4885）

日本文具資料館

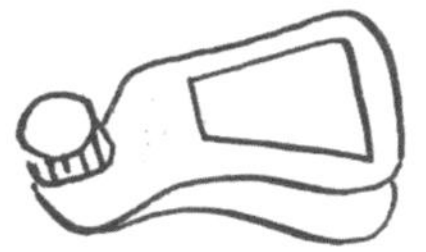

在參訪京都的文具店時，所有的老闆都會提到一個名字，那就是「文適堂」。「如果寺町的文適堂還在就好了」、「文適堂還在的話，妳一定會很高興吧」。

「文適堂」……那是位於寺町的一家文具老店。文具店樓上像博物館一樣陳列著各種文具，只要打電話預約，一般人也可以參觀。幾年前因為經營困難，所以把部分收藏品捐給了東京的「日本文具資料館」，大多數則無人收容，所以被處理掉了。

那麼，去東京的「日本文具資料館」看看吧！地點在大盤商聚集的淺草橋。這裡有好幾家文具、開店相關、娃娃還有玩具的大盤商。

這附近我以前常去的地方有「Shimojima」（包裝材料）、「東藝」（裱裝）、「貴和製作所」（飾品零件）等等。不但有文具，連紙袋、包裝紙、標籤等業務用品都隨處可見，一邊散步一邊瀏覽，光用看的就很高興。

先到高架橋下一家一直想去的文具店逛逛，回程路上可以望見直直過去那一頭便是「日本文具資料館」。這是一間氣氛低調又放鬆的博物館，入口處拿到的手寫「推薦介紹」，也讓人會心一笑。我登記了姓名地址等資料後，便進入館內。裡面按照年代順序排放著各式文具，比我原本想像得還要內容豐富，而且可以

館內收藏筆尖的玻璃展示櫃。收藏國內及海外筆尖外盒標籤的檔案夾。我最注意的就是現在畫畫時也會使用到的日光製筆的標籤。

學到各種知識。

首先看到的是特別展示品：人稱國產文具第一號的伊達政宗鉛筆複製品（尺寸約和香菸等長）。接下來，以古早年代的筆記文具、黏度計、紙草紙修復品為首，陳列了羽毛筆、玻璃筆、鉛筆、蠟筆、筆盒、各種筆類、墨水壺、小刀、毛筆、硯台、算盤、按鍵式和手動式計算機、獨具特色的收銀機等等，各式各樣挑動著心中雜貨魂的物品。

尤其是看到大戰前後的鉛筆包裝紙，以及除了國內還包括海外的文具、沾水筆尖、墨水瓶、古董鋼筆系列，就忍不住陶醉起來。品牌包括了onoto、Sheaffer（西華名筆）、Montblanc（萬寶龍）、Pelikan（百利金）、Platinum（白金牌）和蒔繪漆藝鋼筆等等。

玻璃展示櫃中，還放著跟我在京都文具店

裡找到的古老墨水瓶及色鉛筆等相同的物品，想到原來這些都是「博物館級的文具」，真是讓人熱血沸騰。微微幽暗的館內，我獨自一人，彷彿包場般地隔著玻璃，沉醉在文具的世界中。

鉛筆二種
手帳用小鉛筆
Muran 製

從日本文具資料館回家的路上，經過淺草橋一家文具店，竟然發現了剛剛在資料館看到古老鉛筆。「文具之神！謝謝你！」我不禁在心中這麼吶喊。這應該是大戰前後年代的鉛筆，製造商似乎已經不存在了。一打鉛筆用標籤帶仔細地捆好，然後再用粗紙包起來。商標、配色、圖案都好可愛，光是這張標籤帶，就讓人想要蒐集。鉛筆上印有「OFFICE USE BBBB」字樣，居然是4B鉛筆。盒裝的小枝細鉛筆則是手帳用鉛筆。可以將手帳的書籤繩穿過鉛筆尾端的金屬孔綁起來使用。

日本文具資料館
東京都台東區柳橋 1-1-15
（東京文具販賣保健會館一樓）
☎81-03-3861-4905

Pilot 筆博物館&咖啡廳

在訪問這麼多文具店老闆的過程中，曾經遇到好幾位珍藏了歷代 Pilot 鋼筆的愛好者。我自己也每天都在使用 Pilot 墨水，同時正對蒐集 Pilot 系列產品產生濃厚興趣。

於是，想要了解 Pilot 發展歷史的我，來到了京橋。

一樓是咖啡廳，牆上的展示架擺著手動削鉛筆機等令人懷念的文具。

走上二樓博物館的階梯，浮現眼前的是一個讓人興奮、設計感十足的廣闊空間。四周的牆壁擺滿了玻璃展示櫃，將展場團團包圍。櫃中排列了各式各樣的 Pilot 鋼筆，發出閃閃動人的光芒。屬於傳統工藝的蒔繪漆藝鋼筆，從紀元前時代的筆，到現代各式各樣的筆記工具（鋼筆、原子筆、簽名筆、自動鉛筆等等），還有當時的海報，全都照著年代順序擺放著，更陳列了大事年表及當時使用的古老文具（這又是另一個吸引人之處），筆記文具的發展史這樣就一目了然。

設置了沙發的悠閒角落，則放了買賣用的宣傳品「Pilot Times」，從昭和三十一年（一九五六年）的第一期開始，全部收集在檔案夾中，讓參觀者自行瀏覽。在旁邊，我看到了歷代墨水瓶的展示區，整個人就被釘住不動了。在「清水一貫堂」找到的墨水瓶，還有「野口商店」找到的墨水組合，這裡都可以看到相同的東西。陳舊的標籤、造型獨特的瓶身，光看到這個就覺得不虛此行了呀！

此外，館內還展示了在更名為 Pilot 之前，還叫作並木製作所的年代（大正七年～昭和十二年，即一九一八～三七年左右）的吸墨紙。這是為了讓各家文具店自行練習鋼筆保養等方法而免費分送的物品。於是我再次確認了原來也是有日製的企業廣告吸墨紙這件事。

筆記文具的構造、鋼筆筆尖的製造過程和原子筆的種類等，也都有實物展示。其中印象最深刻的，就是製作沾水筆桿的那座年代久遠的厚重轆轤。想要知道鋼筆和各種筆類的歷史，這裡是絕對不可漏掉的地方。

★京橋這裡除了「Pilot 筆博物館」外，「明治屋」裡面就是「POSTALCO」文具店的所在地。往銀座方向走去只要十分鐘，就可以抵達「ITOYA」，另外還有原子筆和鉛筆的專門店「五十音」。若是想逛文具店，到這裡最方便。

Pilot 筆博物館&咖啡廳
東京都中央區京橋 2-6-21
Pilot 株式會社 Pilot Corporation 一、二樓
☎ 81-03-3538-3840

專欄❸ 盒裝文具

我對小盒子特別沒有抵抗力，每次一看到可愛的小盒子，目光就總像是被釘住似地完全無法移開，忍不住就會想悄悄握在手心帶回家。不管是在巴黎還是日本都一樣，盒裝文具漸漸在我家裡擁有了一塊專屬的角落。

無論是在古董市集還是文具店裡發現的盒裝文具，我都會將它收藏在以前拿來裝藥品的法國木盒中……。

從右上方順時鐘方向分別是幻燈片紙盒、照片固定三角貼、OKUDA 的 Acme Slide（幻燈片盒）、YAMAKO Smart（現為 MAX）的釘書針、LION 的筆尖、SNAKEI 的製圖用圖釘和 SNAKEI DRAWING PINS（其實是一樣的商品，只是英文版和日文版包裝的差別）、LIHIT 的開尾書釘、MAX No.10 的釘書針。

第四章 工作室的文具

可以畫畫、做拼貼、
瀏覽心愛的外文書籍、寫文章、喝咖啡……。
從巴黎帶回來的雜貨，
和長年來慣用的文具通通擠在一起。
工作室裡的文具是每日和我長相左右的同伴。

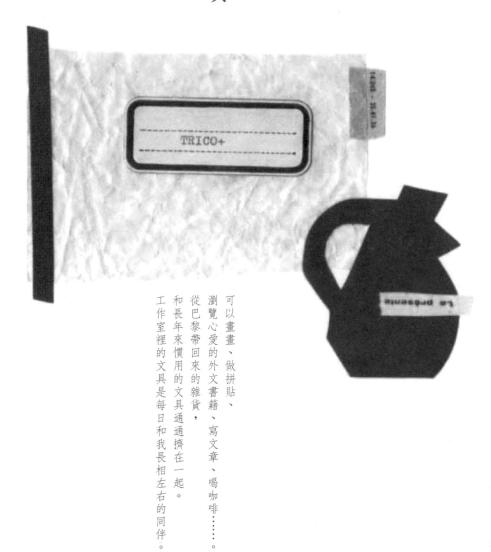

工作室的文具

五年前，我在左京區的北白川開了一家名為「trico+」，兼營畫廊的法國雜貨店，這裡同時也成為我的繪圖工作室。雜貨的主要來源是在巴黎的跳蚤市場找到的古老紙製品或食器，還有文具店裡搜羅來的文具用品。陳列出來的都是我實地走訪，並親自用眼睛確認過而引進的商品。

另外，每個月還會舉辦一次工作坊，是與畫廊活動或展覽聯合舉辦，時間三到五天不等。配合當次主題也會經營咖啡廳，整個空間裝潢有時像是服飾店，有時又像圖書館。

這是我和建築師朋友與他的父親（寺廟木工的班頭）合力反覆嘗試所建構的白色獨棟房舍。一樓是店面，二樓是住家。店面玄關面對著北白川的疏水道，走進去可以看見左邊貼著白色磁磚的櫃檯和廚房，右邊則是雜貨的陳列架，再往裡是畫廊空間，然後是院子。一年當中天氣最好的季節（五月和十月），我會把門窗全部打開，在院子裡擺放桌椅，一邊享受著疏水道吹過來的舒服微風，一邊愉悅地喝著茶。

最重要的工作室設在廚房再進去大約六塊榻榻米的空間。這是我每天花最多時間的地方，也是文具用品擺放的地方。

因為工作室方位朝北，不受西曬干擾，整個白天光源都相當穩定，隨時可以作畫。有開店的時候，就成為店內出納收銀的辦公室，也是在店裡幫忙的朋友的休息室。牆上設有三層的大型陳列架，塞滿了店內使用的包裝袋和貼紙、繩帶類、畫材用品、外國書籍和雜貨。並沒有特別想去整理，只是把喜歡的東西放在喜歡的位置，保持工作的好心情，我覺得這樣就是最好的方式。

書桌周圍同時陳列了法製雜貨和日製舊品。

桌子是配合我的身高並考慮機能性後，請木工特別訂製的。有開店的時候會在這裡進行包裝。

桌面下方左右兩邊的架子，高度設計成可以放置多年來保存插圖用的 King Jim 檔案夾。因為沒有設置抽屜，常用的物品自然就會放置在桌面上。

檯燈是約二十年前在 SAZABY 所購買。椅子則是在大阪的 TRUCK 入手。

書桌前方有兩組小型的層板架，擺放的是裝有鋼筆尖的紙盒和墨水等物。BERGER 的紅色塑膠花瓶，則是在寒冷季節將工作室移到二樓時，被我拿來當成筆筒的物品。

上面一層則是 Bonne Maman 果醬展示專櫃。大大小小的好媽媽果醬瓶中，收藏的是圖釘或夾子等小物。

書桌左邊放著 Tombow 鉛筆的玻璃展示架，這是友人在跳蚤市場販賣的物品，廉價出售給我。大家都說：「這樣看起來真像文具店啊！」物品擺放的方式算是照我自己的意思決定，不知不覺就變成下面這個樣子：店裡也常會使用到的剪刀、美工刀、打洞機和原子筆放在下層最靠外，下層中間則是插了工作上經常使用的鉛筆和色鉛筆，再過去則是自動鉛筆、Hi-tech 的 0.3 黑筆和紅筆、油性馬克筆這樣的順序。

上層是不太會用到的色鉛筆以及備用品等物。Steadtler（施德樓）、Faber-Castell（輝柏）、Caran d'Ache（瑞士卡達）的2B淺藍和粉紅色鉛筆，因為繪圖打亮時用得很兇，所以會自己加長筆桿把筆芯用到完。鉛筆就算變短了，我還是怎麼也捨不得丟。

繪圖

從事繪圖的工作也即將滿二十年了。隨著使用畫材不同，我的畫也變了很多。繪圖是將當時的心境表現在紙上的工作。在開始繪製之前，多半都已經知道成品的樣貌了。

我已經過了每天不畫一下就靜不下心來的時期。現在是靜待靈感到來，一鼓作氣地完成作品。

描邊的時候我會用沾水筆。筆尖沾墨水作畫是漫畫家常使用的手法。我的筆是裝在自己頗為喜歡、瓶身有著凹凸文字的醃黃瓜空瓶裡，依照氛圍和用途替換合適的筆尖來使用。

我常用的筆尖是立川的亮鉻 G 筆尖和 NIKKO 的鋁製 D 筆尖。筆桿則是 STABILO Swano 和 BRAUSE，還有就是一些庫存品。裝筆尖的紙盒則是從市集或文具店，還有巴黎的跳蚤市場慢慢蒐集起來，此外，也有不少是朋友餽贈的。

墨水在我試用過很多品牌之後，平常還是選擇與影印用紙相當契合的 Pilot 證券用墨水。剛開始用的時候，墨水容易滴得到處都是，想畫出漂亮的線條得花很長的時間練習。到現在我的線條看起來還是缺乏集中力。這其實也是沾水筆的有趣之處。手掌、手指、手腕、施力和紙張的契合度，還要加上當時的情緒，全部要融為一體，才能完成好的作品。

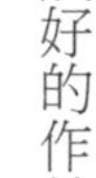

Pelikan
Pelikan
FÜLLHALTER-TINTE
KÖNIGSBLAU
Pilot
INK
Pilot
INK
Pilot
INK

A

B

C

LOCATI
LOCATI
ノーリツペン

D

A

自右依序如下

○ Pilot
Jet Blue（捷藍）、Sky Blue（天藍）和 Royal Blue（皇家藍）等三色墨水瓶。藍色也有各種深淺層次不同之分。這是在「清水一貫堂」找到的文具。

○ Pelikan
這是 BLEU ROYAL 的墨水瓶，共陳列兩種不同形狀的墨水瓶。這些則是在巴黎瑪黑區（Le Marais）的骨董店找到的。

B

○ Too COPIC
素描用油性麥克筆
類似一般筆類的筆尖使用上很方便，出色良好，所以是我長年愛用品。我把這些約莫兩百枝的麥克筆，放在神保町一家舊藥局送給我的玻璃牙刷架裡。

C

○大理石圖案的筆
這是在巴黎的路易菲利浦橋（Pont Louis Philippe）大道上的西洋美術書法筆專門店購得。

○ BAIGNOL & FARJON
這是在巴黎 Clignancourt 跳蚤市場取得的一打塑膠製筆軸。

○小島製作所
與一眼望去的纖細感不同，這枝玻璃筆其實可以寫出紮實穩重的文字或線條。

○ STABILO Swano（天鵝牌）4350
擁有紅、黃等鮮豔色彩的齊全變化。德國製。

○ BRAUSE
其中一面是平坦、不會滾動的天然木色筆軸。德國製。

D

自右上以順時鐘方向依序如下

○ LOCATI
設計優雅的大小紙盒。這是在巴黎 Clignancourt 跳蚤市場中一家小文具店發現的。義大利製。

○日本文具工業
大約是昭和二十年代（一九四五年）的物品。盒裡放了很多錫箔色的 D 筆尖。這是從「弘法市集」那裡挖到的。

○ Sergent-Major
這是放在藍色塑膠盒裡的筆尖。法國製。

○ Pelikan Graphos
這是放在綠色盒裡、西洋美術書法筆用的筆尖。德國製。

○ LION
這是放在小塑膠盒裡的筆尖。盒子的顏色還有紅、白、黃等。日本製。

○ BAIGNOL & FARJON
這是在巴黎 Vanves 跳蚤市場紙箱底部發現的。雖然已經開封，不過筆尖仍是新品。

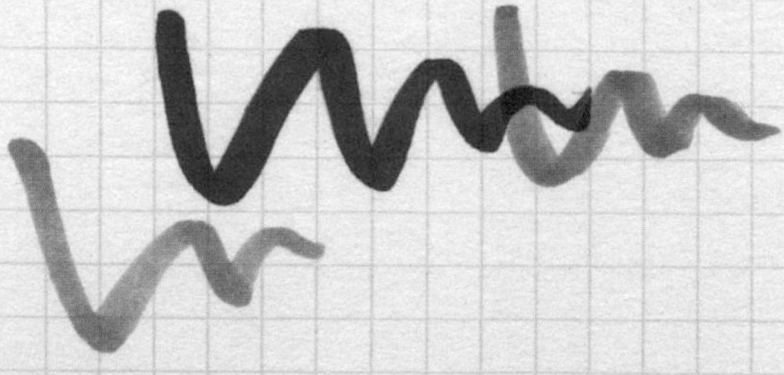

裁剪、切割、打洞

從事需要動手的作業時，常會不知不覺忘了時間的流逝。工具類的物品通常我買了就不會換了，不過若是剪刀和美工刀這類工具，到目前為止，我也難以估計自己用過了多少種。

剪刀的刀刃鋒利程度雖然很重要，但刀柄若是不能緊密貼手，剪裁的時候，就會覺得卡卡的，怎麼也無法剪出滿意的樣子，心情完全開朗不起來。

好不容易決定了這幾把工具，常用的就是這些了。

E

自右依序如下

○紅色握把的拋棄式美工刀
作為拆信刀使用。英國製。

○OLFA
用來切割繩索類物品，一般在店裡經常使用。

○NT美工刀（專業H型）
切割紙箱或厚紙時使用的美工刀。

○NT美工刀（專業A型）
不鏽鋼握把、無晶鑽石（AD）刀（30°C刀刃），而且是自動上鎖式。慣用左手的人也可以使用，左右手都適用。因為可以處理精細的作業，可作為修補插圖時使用。共有兩片不同角度的刀刃。

○PLUS不鏽鋼剪刀
因為不會沾黏膠帶，切割封箱膠帶時使用非常方便。

F

自右依序如下

○PLUS打孔器
這是可以將黃銅製的雞眼釦固定在某個特定部位的工具。上半部附有刻度和單孔的打孔器，可以做兩種用途，功能極佳。以打孔釘裝訂紙張會比用迴紋針更能細膩展現出金屬的質感，同時蘊釀出巧思貼心的氛圍。

○單孔打孔器
這是專門為了商店包裝而設計，共有大小兩種不同的洞孔尺寸。洞孔大約是1公釐大小，方便穿過細繩，非常實用。台灣製。

○MAX-HOMER
這是MAX的釘書機。約在MAX10問市之前、昭和二十年代（一九四五年）後期的產品。而我用的是在「清水一貫堂」意外發現的文具。

E

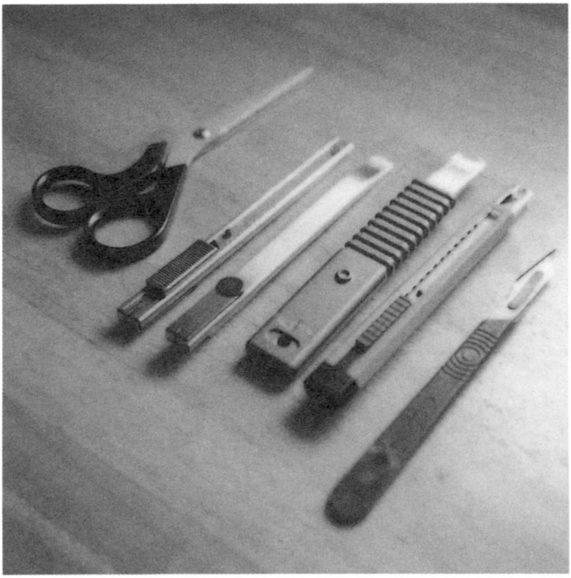

F

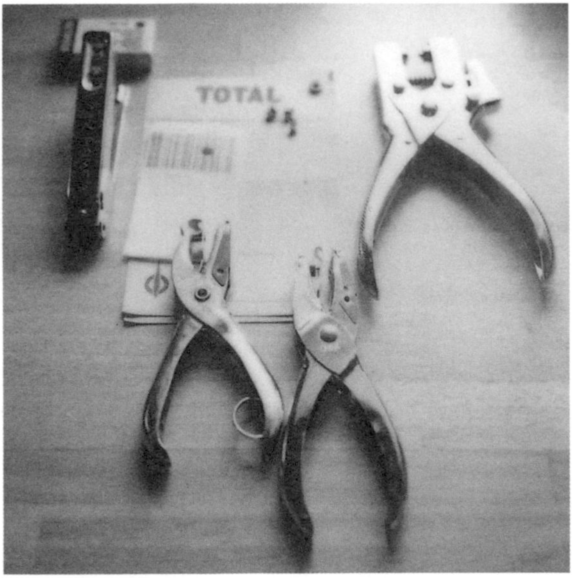

黏貼

想要將兩樣物品黏合在一起的時候，少了這類物品就會感到相當不便。漿糊啦、膠帶這些物品，是可以幫忙結合不同材質物品的重要工具。

漿糊是在拼貼作品或是剪貼資料的時候用的。需要將收據貼在備忘記事本裡的時候，通常文具店或超市都會供應。

最常使用的隱形膠帶，則是在暫時裝訂草稿或將描圖紙覆蓋於插畫上方時使用。材質經過霧面處理，所以可以在上面寫字，影印的時候也不會留下痕跡，非常方便。

因為是消耗品，有時候看到比較不一樣類型的膠帶，總有正當的理由說服自己：反正買了一定會用。有了這麼正當的購買藉口，我的錢包也就日漸削瘦了。

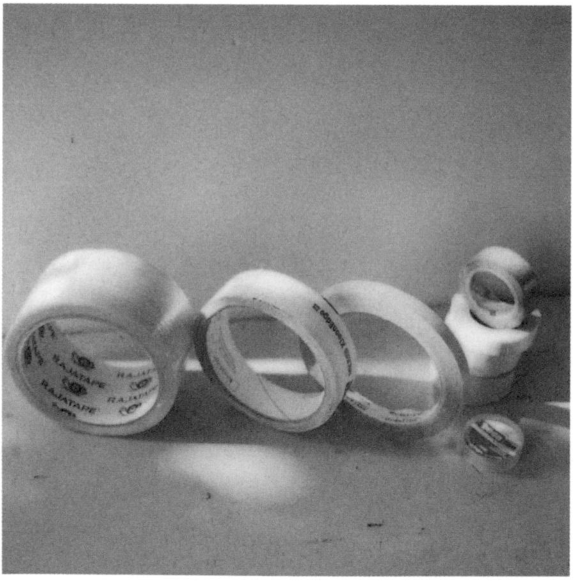

G

H

J

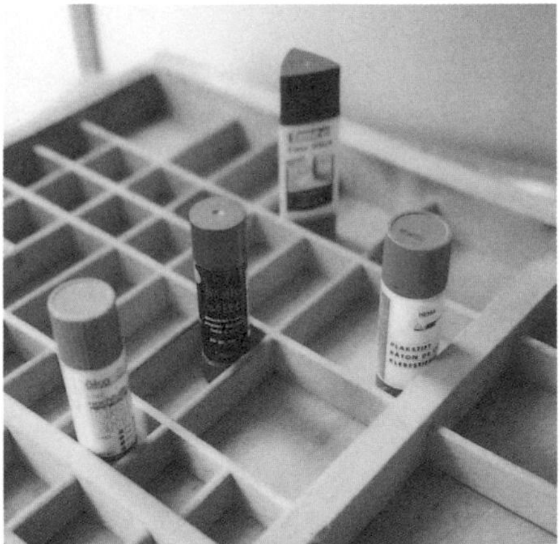

I

G

自右依序如下

○和紙膠帶
這種和紙膠帶有藍色、膚色、乳白色和白色等多種顏色。當年家裡在蓋房子時，我還從泥水匠那裡拿過一個黃綠色的和紙膠帶。除了製作作品可暫時固定，包裝禮物時更能派上用場。

○雙面膠
褐色的膠帶表面十分光滑，而且是十分罕見的細膠帶。這是在淺草橋的繩索批發商那裡一併購買的。

○紙膠帶
這是在荷蘭的小街道、位於烏特勒支（Utrecht）運河沿岸的一家畫具材料店發現的。膠帶上還有藍色的文字，十分罕見。

○塑料膠帶
這是購於巴黎的B.H.V（類似東急手創館的百貨店）。內側有蝸牛圖案，半透明的膠帶部分則有紋路。雖然使用上並不是很順手，卻仍讓我心動買下的原因，完全在於它的獨特。我不禁想起在巴黎打包行李時和這個膠帶辛苦奮戰的情形呢。

H

○南部鐵製膠帶台 TC-45
具有沉甸甸的質感和令人目不轉睛的魅力，這正是能傳達永恆時光的盛岡工藝品南部鐵器。因為膠帶台重達兩公斤，相當沉穩讓人感到安心，是 Nichiban 公司的暢銷產品。即使單手使用也不會晃動，可以平穩地切斷膠帶。

I

自內依序如下

○tesa 口紅膠
這是在巴黎的文具店買的。紅藍白三色的搭配加上可愛的三角造型口紅膠。德國製。

○HEMA 自有品牌口紅膠
荷蘭的 HEMA 超市也銷售許多文具，其中這個綠色的口紅膠最受到顧客的喜愛。

○bruna 自有品牌口紅膠
這是在荷蘭烏特勒支（Utrecht）的文具店買的是一間與荷蘭畫家（Dick Bruna，米菲兔創始人）同名的文具店。共推出紅、深藍和白等顏色的自有品牌口紅膠。

○有機超市口紅膠
這是在巴黎偶然經過的城郊超市裡發現的。因為和大象照片的筆記本混在一起，簡單大方的造型顯得格外搶眼。

J

○ESSELITE 的 Dymoneo101J 標誌帶
這是一款平假名的標誌帶。只要將標誌帶放入標誌器，對齊轉盤，合著節拍般按壓的觸感讓人陶醉其中，所以我的抽屜或記事本封面老是四處貼滿了自製的標籤，非常有趣。在塑膠製的堅硬標誌帶上打入文字後，就會看到隱約浮上的白色字體，就是標誌帶在視覺上所帶來的樂趣。自那時開始，標誌帶好像也稱為浮雕標誌帶。記憶中好像是與打字機流行時期同時問市的產品。形狀的種類或膠帶的顏色變化也日益增加，是目前依然持續生產的文具用品。也有迷你手持型 2（英文字母的標誌帶）和片假名的標誌帶。

裝訂

到各國旅行時很自然會想蒐集的東西，其中一樣就是圖釘和迴紋針。材質、顏色、大小、針腳長短等等，只要有所不同，我就忍不住想要買下來。

迴紋針平常是拿來裝訂文件，圖釘則是店內展覽的時候經常會用到。將它們擺放在大大小小的 Bonne Maman 果醬瓶中，置於隨手可拿的地方，也可以當作一種裝飾。圖釘類通常是倒出需要的數量，然後散放在巴黎畫材行買來的鋁製調色盤裡挑選顏色。

K

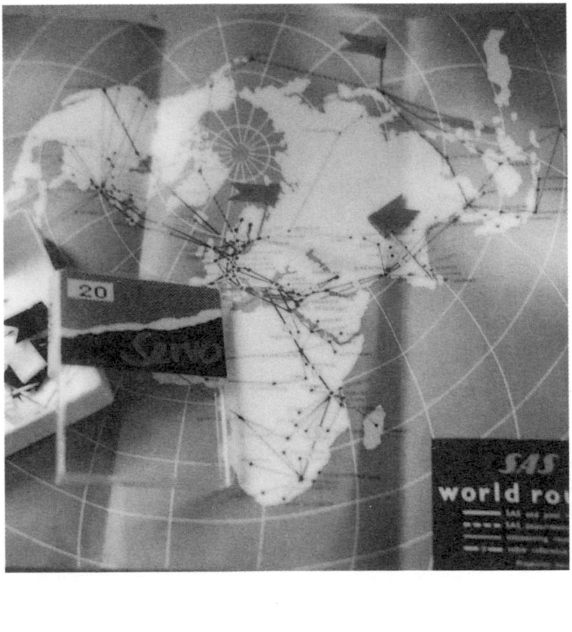

L

K

○ Servo 旗型針

在牆壁的地圖上作記號時可以使用，也可以只貼一根旗針在純白明信片上成為圖畫。顏色有紅、藍、黃、白和黑等。德國製。

L

自盤子左上角以順時鐘方向依序如下

○昆蟲針

針腳的長度有三種。昆蟲頭部的顏色有紅、藍、白、綠、黃、橘等。至於短的針腳，則在繫繩子等情況時使用。

○ MONDIAL LUS

這是配色有如糖果般繽紛的圖釘，用來將紙張貼在牆壁上時最令人印象深刻。義大利製。

○ MONDIAL LUS

這是放在圓筒的塑膠盒內、在一般雜貨店都有販售的文具。銀色並有小小的三角孔，還附著些微小刺的極短針腳。主要在軟木板上貼東西，以及不想穿入太深的洞孔時使用。

○夾針

前端是小小的夾子，夾住東西後還能在牆上固定，具有卓越優異的特性。最適合用於固定不想穿洞的照片或明信片等。

書寫、記錄、保存

我應該是個筆記狂吧。如果不寫下來就會記不住，所以會成為筆記狂是必然的結果。

繪圖的工作和開店的工作常常是雙方同時進行，要整理腦中的事物，也就必須勤做筆記。用不同的筆來書寫也是件愉快的事，哪本筆記要搭配哪枝筆，基本上都已經決定好了。一開始花了許多時間嘗試，這才尋找到契合的紙和筆。

平常隨身攜帶的是手作提包專家——外畑有滿子製作的書衣，裡面放的是 QUO VADIS Monthly 4 和 Postalco 的筆記本。

素描本原來用的是 maruman S 162 寫生簿，現在則固定用月光莊的素描本。雖然有名的素描本、描圖紙、筆記本品牌很多，但還是要仔細挑選適合自己的才行。

O

N

Q

P

M

○ k.a.n.o 筆記本封套

這是符合筆記本尺寸而訂製的封套。從皮革的素材、顏色、線條的幅度到中間表面的筆插、夾入傳單（DM）等的插袋以及名片袋等，每個細節都是針對自己的需求而設計。從此可以嘗到盡情使用的滋味。

○ QUO VADIS Monthly 4

因為每個月都會打開裡面的內容，所以都能輕鬆地掌握日程計畫。今年起我每天都寫下一行日記，雖然攤在眾人面前有點不好意思……

○ Postalco 筆記本

我使用的是兩種大小不同的類型。其中我最愛用方格類的筆記本。背面不會印出字跡，紙質紮實，書寫容易，以鋼筆書寫時更是滑順。

N

○ MOLESKINE

我才剛開始做筆記不久，是個筆記新手。這是從創意總監嶋浩一郎那兒獲得的靈感，從每天早晨看的報紙、新聞或書本中，若發現有興趣的報導或符合心境的字句時，將它一一記下，裝訂成冊。例如設計駒井邸的美國建築師 Vories，日文名字則是一柳米來留，諸如此類的內容。

○ Senator 鋼筆

這枝德國老字號文具製造商的鋼筆，是我在十多年前買的，專門用來寫 MOLESKINE 筆記本。墨水則選用 Pelikan 的皇家藍。加墨水的過程真是有趣極了。此外我更不時在玻璃杯裡加水，把筆尖好好洗淨，不失為保養的方法。

○ 吸墨紙

我用的是在巴黎 Vanves 跳蚤市場買的吸墨紙。在筆記本裡夾入吸墨紙，可避免墨漬沾污紙張。雖然吸墨紙也可以用來裝飾筆記本，但它原有的傑出功用，才是我始終對它眷戀不已的原因。

O

自上依序如下

○月光莊素描本

紅色的素描本紙張輕薄，所以拿來當作旅行時的雜記本用。藍色的素描本就有點厚，優點是素描時字跡不會透到背面。

○ maruman S 162

這是淺乳白色的素描本。我還在上面貼了好幾張巴黎找到的美麗葡萄酒標籤。

○ Rhodia 便條本

這是我在海外購物時用來貼收據的便條本。大概是在巴黎的超市買的，接著就在巴黎購物時貼上一張又一張的收據。

○ TOLLIT & HARVEY 的 EUROPA Minor Pad 便條本

這也是在海外購物時用的便條本，主要記錄已買的東西或殺價時使用。繫有橡皮圈，所以不會散亂，也很方便收進口袋裡。專門搭配這本便條本的則是 SIERRA 的細字原子筆。

P

自右上以順時鐘方向依序如下

○正方形線條便條紙

可以清楚寫上文字，作為便條本使用再適合不過。

○四色細長標籤紙

共有紅、橘、綠和藍等顏色，並依用途區分。書寫容易，不過黏著力就有些薄弱，適合暫時作記號用。

○箭頭標籤紙

四色一組，附有盒子，可以一張一張輕鬆地取出。加上縫線記號的設計，能夠仔細地區分每種顏色。我將這種標籤紙專門用在巴黎街頭散步時的地圖上，地圖上的道路即使貼了這種標籤紙後仍看得清楚，所以很輕鬆就能標示出目的地的建築物。

○長方形素面標籤紙

標籤紙上印有斗大的「Highland」，基本色系是乳白色，沒有線條。現在市面上也推出了如豆粒般的小巧便利貼，但詢問過他人，才知道在美國所謂的便利貼好像正是像這本標籤紙大小。

Q

○ BUNKA 剪貼簿

我每天早上會花點時間看報，看到特別的報導就剪下來，貼在這本剪貼簿上。好像寫暑假作業一樣，還滿有意思的。

◎在墨田區駒形的一家文具事務用品店，製造各種檔案夾、裝訂本的封面等產品。金屬零件也有管狀式、環式等種類繁多，還可承包客製化的原創文件夾（包括素材、金屬零件、加工、添加姓名等），是一家經年不斷製造的事務用品店，更能在基本的設計中賦予產品嶄新的生命。百分之百採用再生紙製造，裝訂方法也是奇特稀少的馬蹄形。其深綠色沉穩紮實的封面、毫不敷衍仔細認真的設計，特別是封底的書寫字體、項目欄的設計等，更能展現使用者的品味。使用時，紙製封面的柔軟觸感也很令人讚賞。

コクヨ コヒー17 (37×25)

寄信

或許我算是個信封蒐集家。目前蒐集起來的信封可以裝滿兩個紙箱，不知道什麼時候才用得完……。因為信封和紙袋有點蒐集得太過頭了，現在稍微暫停一下。當中也有平常使用的事務信封。抱著希望收信人能循環再利用的念頭，挑選信封也成了一大樂事。

R

○TOKYO UNION 蜻蜓信封
我喜歡這種信封是因為它是日本製，多拿來作為商務信封使用。這種信封最特別的是明明叫蜻蜓信封，但在它左右兩側的圖案卻是甲蟲！在柔和的橘色紙張上附著紮實的金屬零件素材，作為封閉開口用，可以重複使用，既環保又實用。

○PEACE 附繩牛皮紙信封袋
這是繞著黃色圓形固定盤綁上繩索的封閉信封袋類型，紙質則是一般的牛皮紙。

S

○信封
這個信封為柔和素面的水色，並以略小的尺寸、格式簡單的設計展現良好的質感。這是在聖保羅車站附近的文具店買的，當時一口氣買了三束各為一百張的信封。眼見這種信封馬上就要用完了，又是飛去巴黎添購的時刻了吧？

○這是法國郵局正式認可、最常使用的信封，同時記載了認可編號和批號。即使在超市也有銷售一百張一束的信封，並以橘色印上法文，讓人無形中也感受到了法國的設計。

○紋路牛皮紙信封袋
這是在巴黎的超市或文具店一起買到的信封。法國製的信封和日本的紙質並無太大差異，這點倒是不錯。反面左上角可以看到縫線記號，這是為了容易拆開信封而做的特別設計。這裡還印有一小段文字（以法文和英文寫著「請撕開」），同時也有法式風格的虛線記號。

R

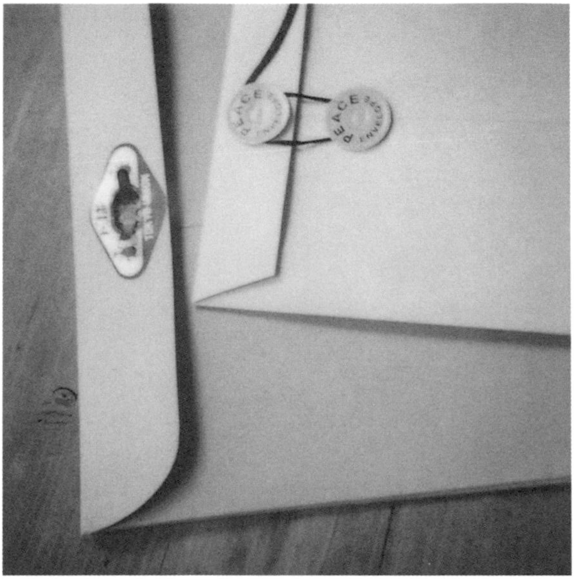

S

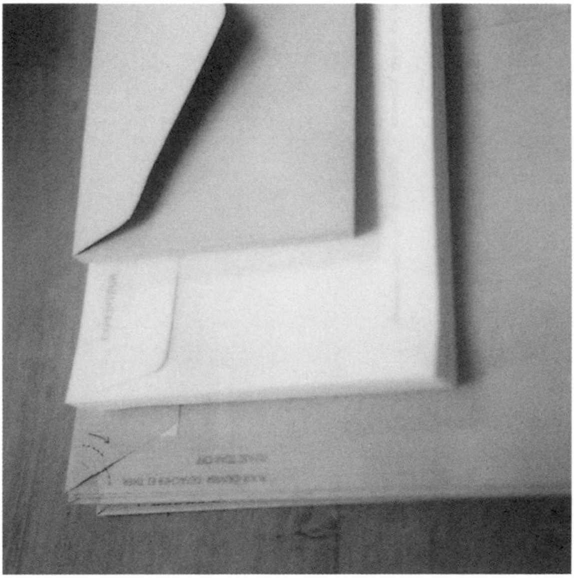

專欄❹ 文具的回憶

閉上眼睛，彷彿可以聞到文具特有的香氣，耳朵也彷彿可以聽到文具的細語。我的老家在博多的西新，用走的就可以到達百道海岸。

古老日式屋宅的主屋是祖父母和叔叔一家居住的地方。庭院另一邊有棟類似昭和住宅的平房，五歲之前，我們一家四口和愛犬小黑就住在那裡。庭院裡有個小小的池塘，錦鯉和烏龜在其中嬉戲，另外，還有環抱著池邊的松樹和數量驚人的盆栽。

祖父和我幾乎一整天都在庭院中徘徊。從水井裡打水上來，用杓子到處澆水，或是餵餵鯉魚和烏龜。真是一段非常快樂、悠哉游哉的時光。

祖父的手中總是持著花剪，沒事就看到他在庭院裡這兒修修那兒剪剪，也會參加牽牛花品評會，將細心栽培的大朵鮮紅牽牛花做成壓花之後，平整地貼在和紙上裱框起來。主屋裡掛著不知多少幅的牽牛壓花，祖父總是一臉滿足地在欣賞。

對於設計與時尚很有天份的父親，是在百貨公司上班。不知道從什麼時候開始，做起了將空罐用英文雜誌紙黏貼起來，中間塞了捲成螺旋的手帕的工作。從美軍洋宅那兒拿來的過期裝潢雜誌堆得像小山一樣，用剪刀或剃刀（不是美工刀）細心取下漂亮的照片或好看的字體，然後用手指沾取漿糊仔細黏貼。漿糊的味道、外國雜誌印刷的味道、剃刀割紙的嘶嘶聲，鮮活地留在我四、五歲的記憶裡。父親安靜地反覆從事這項作業，而我就在旁邊靜靜觀看著。

後來父親轉行賣起領帶，先是進入京都西陣的某家領帶製造公司，後來自己出來獨立開業。在有如鰻魚睡床一般狹長的屋子中，那只有六塊榻榻米大的客廳裡，領帶堆得像山一樣高，到處都是時裝雜誌、顏色樣本、布料樣本、色鉛筆、拍立得等等設計領帶必須要用的物品。只要在客廳開始工作，我就會在旁邊睜大了眼睛看著那些寫滿了整齊的鋼筆字的帳簿或剪貼簿。

兼職雜務是由家人一起分擔，所以我從小學開始就會幫忙貼廠牌或價目標籤。蓋上編號、用打洞機打洞然後穿過橡皮筋、將整卷的名牌布標一枚枚剪開、用釘書機釘好……。這一連串的作業流程所發出的聲音，逐漸形成一種規律的節奏。橡皮筋彈動的聲響、分開布料的聲音。父親將包裝好的領帶小心地裝入紙箱中的手勢，看起來優雅而完美。

沒多久，母親也在二樓的房間從事起手描友禪的工作。四塊半榻榻米的房間裡，有一邊掛著和服布料，旁邊擺著不同粗細的筆和各種顏色的畫材。要花上好一段的時間，才能夠習慣滿室的染料獨特氣味。

先是上色，然後再勾邊定色（沿著圖樣塗上勾邊色糊，防止染料混色暈染）。

翻動和服布料的聲響、洗筆的聲音、染料的氣味、默默繪圖的母親。對我的父母來說，小小的家中就是他們的工作室。

每天看著祖父和父母親忙個不停的雙手，同時也感受到文具和畫材在生活中的存在。

從我懂事以來，文具就一直陪伴在我身邊。

結語

抱持著小小的勇氣和冒險心……
要不要悄悄去拜訪一下你家附近的文具店呢？
傾聽文具的聲音，即使藏在滿是塵埃的角落，
也要伸出手來和他們對話……。

小時候回憶的絲線
就這樣安靜地編織成網。
這些文具一定正是在等待這樣的時刻到來。

走向文具店，從對話之中
感受到文具展現出手工的細緻、愛情與固執，令人驚歎。
藉由一枝鋼筆或鉛筆回想起朋友或是家人，
還有已經遺忘，卻是無可替代的重要事情……。
我由衷感謝文具店的諸位朋友告訴我許多珍貴的故事。

設計師渡部浩美、攝影師首藤幹夫和宅間惠一、
Anonima Studio 的丹治史彥和足立綾子，
謝謝你們和我一起完成了這本書。

希望擁有本書的各位讀者，
能讓本書在書櫃或是擺放了文具的書桌上擁有一席之地，
直到永遠……

二〇〇七年 夏 中村雪

圖・照片・文
中村雪

插畫家。以書籍、廣告、雜誌等插圖繪製為主業，同時也插手商品企劃。愛好雜貨，在京都北白川的自家工作室開設了以文具為主的法國雜貨店與畫廊「trico+」。每月一次舉辦雜貨、咖啡、書等各式主題的活動或展覽會。

在春天到來之前，結束了東京的工作室，專心於京都這邊的工作。懷抱著對於京都生活更加珍惜的心情，走訪各家文具店，完成了本書。

主要著作有《365 雜貨曆》（Anonima Studio）、《雜貨屋食譜》（主婦之友社）、《巴黎雜貨日記》（mille books）等。歡迎參觀網站 http://tricoplus.petit.cc

Anonima Studio 工作室，傾聽微風與光線的竊竊私語，
細心地保存生活中各種小小的發現，
和從日常生活中尋找到小確幸的人們合作出版書籍。
希望大家能像是收到遠方友人寫來的信，反覆閱讀我們的書籍。
只要有了這本書，自己的房間就能散發出溫暖的光芒。

LifeStyle 026

京都文具小旅行
在百年老店、紙舖、古董市集、商店街中，尋寶

作者　中村雪
翻譯　徐曉珮、覃嘉惠
完稿　鄭寧寧
編輯　彭文怡
校對　連玉瑩、郭靜澄
行銷　洪仔青
企劃統籌　李橘
總編輯　莫少閒
出版者　朱雀文化事業有限公司
地址　台北市基隆路二段13-1號3樓
電話　02-2345-3868
傳真　02-2345-3828
劃撥帳號　19234566朱雀文化事業有限公司
e-mail　redbook@ms26.hinet.net
網址　http://redbook.com.tw
總經銷　成陽出版股份有限公司
ISBN　978-986-6029-09-7
初版一刷　2011.12
初版二刷　2012.01
定價　320元

國家圖書館出版品預行編目

京都文具小旅行／中村雪著；徐曉珮、覃嘉惠翻譯 .---- 初版 ---- 台北市：朱雀文化，2011.12
面；公分 .----（LifeStyle；026）
ISBN978-986-6029-09-7
1. 文具　2. 文具業　3. 日本京都市
479.9　　100024420

事務用品
貫 堂 TEL 56-0109
Kコクヨ製品
水 貫堂
コピー
サービス
高級印かん

コクヨ
清水
ルーズリーフ
¥150